अपने जीवन को महान बनाएँ

अपने जीवन को महान बनाएँ

डेल कारनेगी

अनुवाद : डॉ. सुधीर दीक्षित

MANJUL

मंजुल पब्लिशिंग हाउस

MANJUL

मंजुल पब्लिशिंग हाउस

कॉर्पोरेट एवं संपादकीय कार्यालय

• द्वितीय तल, उषा प्रीत कॉम्प्लेक्स, 42 मालवीय नगर, भोपाल-462 003

विक्रय एवं विपणन कार्यालय

• सी-16, सेक्टर 3, नोएडा, उत्तर प्रदेश, 201301

वेबसाइट : www.manjulindia.com

वितरण केन्द्र

अहमदाबाद, बेंगलुरू, भोपाल, कोलकाता, चेन्नई, हैदराबाद, मुम्बई, नई दिल्ली, पुणे

डेल कारनेगी द्वारा लिखित मूल अंग्रेजी पुस्तक लाइफ़ इज़ शॉर्ट, मेक इट ग्रेट का हिन्दी अनुवाद

यह हिन्दी संस्करण 2018 में पहली बार प्रकाशित

कॉपीराइट © डेल कारनेगी ऐंड असोसिएट्स
यह संस्करण जे.एम.डब्ल्यू ग्रुप इन्कॉरपोरेटिड द्वारा अधिकृत
jmwgroup@jmwgroup.net

ISBN 978-93-87383-96-8

अनुवाद : डॉ. सुधीर दीक्षित
कवर डिज़ाइन : तृणांकुर बैनर्जी

अनुक्रम

प्रस्तावना   7

1. महान जीवन व्यक्तिगत स्वप्न से शुरू होता है   11

2. महान जीवन का मतलब है अपने सर्वोच्च मूल्यों
   के अनुसार जीना   19

3. व्यक्तिगत शक्ति : इसे खोजें और इसे रखें   28

4. संतुलित जीवन की सुंदरता   34

5. महान जीवन तनाव और चिंता को कम करता है   41

6. बेहतरीन जीवन में बर्नआउट की जगह नहीं होती   53

7. बेहतरीन जीवन स्वस्थ शरीर से शुरू होता है   60

8. आपसी संवाद की बेहतरीन योग्यताएँ कैसे विकसित करें   72

9. करिश्मा (आकर्षण) : सफलता का सबसे बड़ा घटक   84

10. अपनी पहली छाप को बेहतरीन बनाएँ   92

11. नए लोगों से मिलना बेहतरीन जीवन के लिए अनिवार्य है   101

12. एक महान जीवन पीढ़ियों के पार संप्रेषित होता है   109

13. नौकरी देने या पाने में संतुष्टि पाना   118

14. बेहतरीन जीवन के लिए काम सौंपें! 127

15. मुश्किल लोगों से व्यवहार करने से बेहतरीन
परिणाम मिल सकते हैं 132

16. हर संघर्ष का एक बेहतरीन समाधान हो सकता है 139

17. संघर्ष में दिमाग़ ठंडा रखना एक बड़ा काम है 144

18. नियंत्रित भावनाएँ हमारी बहुत मदद करती हैं 153

19. मल्टी–टास्किंग बेहतरीन हो सकती
है – बशर्ते यह कारगर हो 160

20. आप जो महानता चाहते हैं, उस पर ध्यान केंद्रित करें 169

21. बेहतरीन जीवन के लिए व्यवस्थित बनें 175

22. दोस्त बनाना और लोगों को प्रभावित करना बेहतरीन है 184

परिशिष्ट अ : डेल कारनेगी के बारे में 189

परिशिष्ट ब : डेल कारनेगी के सिद्धांत 192

प्रस्तावना

जागें और जीवन को जिएँ! यह आपकी तक़दीर में नहीं लिखा है कि आप दुखी रहें, डर और चिंता का बोझ उठाते रहें, बीमारियों से कष्ट उठाएँ और तिरस्कृत व हीन महसूस करें। आपके भीतर अपने जीवन को समृद्ध बनाने की शक्ति है – विपत्तियों से उबरने की शक्ति है और खुशी, सद्भाव, स्वास्थ्य व समृद्धि हासिल करने की शक्ति है।

चाहे आप किशोरावस्था के आख़िरी पड़ाव पर हों या आपको वयस्क हुए काफ़ी समय हो गया हो, आप किसी भी समय यह मूल्यांकन कर सकते हैं कि आपने अब तक क्या हासिल किया है, आपकी अब तक क्या हासिल करने की इच्छा थी और आप आगे आने वाले वर्षों में क्या हासिल कर सकते हैं। भले ही आपका जीवन उम्मीद के मुताबिक़ पुरस्कारदायक नहीं रहा हो, लेकिन यह याद रखें कि आप अपने भविष्य को सिर्फ़ बेहतर ही नहीं बल्कि सचमुच महान बना सकते हैं, चाहे आपकी उम्र कितनी भी हो।

इस पुस्तक में आप डेल कारनेगी के बताए सिद्धांत सीखेंगे, जिन्हें उनके वारिसों ने विस्तृत किया है। इन सिद्धांतों पर चलकर लाखों-करोड़ों स्त्री-पुरुषों ने इन्हें आज़माया है। इन सभी ने यह सीखा कि आपके जीवन में जो ढेर सारी स्थितियाँ आती हैं, उनका सामना करते वक़्त किस तरह की नीति अपनाई जाए। यहाँ आप सीखेंगे कि अपनी शक्तियों व कमज़ोरियों का पता कैसे लगाएँ और इसके बाद उन शक्तियों को कैसे बढ़ाएँ व कमज़ोरियों से कैसे उबरें।

इस पुस्तक से आप जीवन को समृद्ध करने वाले जो सिद्धांत सीखेंगे, उनमें ये शामिल हैं :

- व्यक्तिगत, पारिवारिक, नौकरी व करियर, सामाजिक गतिविधियों व दीगर चीज़ों के बीच संतुलन कैसे बनाएँ

- तनाव व चिंता को कम कैसे करें

- स्वास्थ्य-केंद्रित जीवनशैली कैसे विकसित करें

- दूसरों के साथ सबसे प्रभावी व्यवहार कैसे करें

- लोकप्रिय व आकर्षक कैसे बनें

- मुश्किल लोगों से कैसे निबटें

- अपनी भावनाओं को कैसे नियंत्रित करें

इसके अलावा, विषयवस्तु में जीवन जीने की कला में माहिर बनने तथा इसका आनंद लेने के कई और तरीक़े रेखांकित किए गए हैं।

ये सिद्धांत आपकी ख़ातिर काम करेंगे। लेकिन इससे पहले आपको यह जानना ज़रूरी है कि आप इस वक़्त जीवन के उतार-चढ़ाव का सामना कैसे करते हैं। इस पुस्तक में कुछ स्व-सहायता सूचियाँ दी गई हैं, जो यह पहचानने में आपकी मदद करेंगी और आपकी विशेष आवश्यकताओं को उजागर करेंगी। इन सूचियों से आप यह माप सकते हैं कि जीवन में कई क्षेत्रों में आप क्या करते हैं। इनमें ये शामिल हैं :

- अपने जीवन में संतुलनों और असंतुलनों का आकलन करना

- यह मापना कि आप कितने ज़्यादा तनाव में रहते हैं और इससे कैसे निबटते हैं

- यह विश्लेषण करना कि नौकरी और करियर में आपका प्रदर्शन व प्रगति कैसी है

- अपने "करिश्मा सूचकांक" की जाँच करना

- यह मूल्यांकन करना कि आप सचमुच कितनी अच्छी तरह सुनते हैं

- अपनी "भावनात्मक बुद्धि" को मापना

- आप जिन संघर्षों का सामना करते हैं, उनसे निबटने में आपकी योग्यताओं का स्कोर

यहाँ दी गई सलाहें और सुझाव आपके जीवन को समृद्ध बना देंगे। वे सैद्धांतिक नहीं हैं। वे उपदेश या दार्शनिक प्रवचन नहीं हैं। वे आप ही जैसे लोगों के बरसों के अनुभव का निचोड़ हैं, जिन्होंने उन्हें लागू किया और अपने जीवन को औसत से संतुष्टिदायक, पुरस्कारदायक, सार्थक व प्रायः रोमांचक जीवन में बदल लिया।

आपको इस पुस्तक को पढ़कर अपने बुककेस में ही नहीं सजाना है। इस पुस्तक का इससे ज़्यादा लाभ लें। इसके लिए आपको एक योजना बनानी चाहिए, ताकि आप पढ़ी हुई चीज़ों को कार्य चरणों में बदल लें। हर अध्याय पढ़ते समय स्व-आकलन की सूचियाँ लें, अपनी विशिष्ट आवश्यकताओं को पहचानें और फिर इन सिद्धांतों को अपने जीवन में लागू करें। उन अवधारणाओं पर ध्यान केंद्रित करें, जो आपकी आवश्यकताओं के मान से विशिष्ट हों और एक लिखित योजना बनाएँ कि आप उन्हें कैसे लागू करेंगे। यह सिर्फ़ शुरुआत है। आपको उन्हें अपनी जीवनशैली में शामिल करना होगा। समय-समय पर अपनी योजना की समीक्षा करें, ताकि आप पुरानी आदतों में फिसलने से बच जाएँ।

शुरू करने का समय यही है।

पढ़ें।

सीखें।

अमल करें।

उन लाखों-करोड़ों लोगों के समूह में शामिल हो जाएँ, जिन्होंने डेल कारनेगी और उनके वारिसों से सीखकर अपनी समस्याएँ तथा चिंताएँ दूर की हैं, अपनी जीवनशैली को बदला है और अपने जीवन को सचमुच महान बनाया है।

—आर्थर आर. पेल,
संपादक

1

. . . .

महान जीवन व्यक्तिगत स्वप्न से शुरू होता है

कंप्यूटर के विपरीत शब्दकोश एक अनिवार्य नेतृत्व साधन है और इसमें मिशन शब्द की बहुत सी परिभाषाएँ हैं। यहाँ पर सबसे उचित परिभाषा है "उद्देश्य, अस्तित्व का कारण।" स्वप्न का अर्थ इसके विपरीत है, "भविष्य का चित्र या छवि जिसे हम बनाना चाहते हैं," और... हम अपने मिशन की ओर बढ़ते वक़्त कैसे जीना चाहते हैं।

—पीटर एम. सेंगे

प्रबल व्यक्तिगत स्वप्न की शक्ति के बारे में हम बार-बार सुनते हैं। शीर्ष प्रेरक वक्ता हर बार इसका उल्लेख करते हैं। स्व-विकास या संगठनात्मक विकास की ऐसी पुस्तक खोजना मुश्किल है, जो व्यक्तिगत स्वप्न बनाने के महत्त्व की पुष्टि नहीं करती हो। लेकिन जब हम डेल कारनेगी सेमिनारों में आने वाले लोगों से पूछते हैं कि क्या उनके पास अपने भावी स्वप्न का सारगर्भित लिखित कथन है, तो उनमें से दस प्रतिशत से भी कम लोग हाँ में जवाब देते हैं।

क्यों? देखिए, यह शायद सबसे मुश्किल प्रश्न है। *मेरे जीवन का क्या अर्थ होना चाहिए? मेरा उद्देश्य क्या है?* ये वे प्रश्न हैं, जिनसे स्त्री और

पुरुष सदियों से जूझते आ रहे हैं। बहरहाल, इस सबसे महत्त्वपूर्ण स्वप्न को खोजने और परिभाषित करने में समय, ऊर्जा व प्रयास लगाने का महत्त्व अब भी क़ायम है।

सवाल यह है कि इस प्रयास से हमें क्या मिलेगा? इतनी जहमत क्यों उठाएँ? इस स्वप्न से हम क्या हासिल कर सकते हैं, जो हम इसके बिना नहीं कर पाएँगे? जवाब यह है कि स्थायी उपलब्धि और सच्ची उत्कृष्टता ऊँची आकांक्षाएँ हैं, जिन्हें बहुत महत्त्वपूर्ण माना जाता है। इन्हें हासिल करना आसान नहीं है। इन दुर्लभ चीज़ों को हासिल करने के लिए इंसान को भारी कुंठा, मुश्किल और निराशा से जूझने को तैयार रहना होता है। इन विपत्तियों से मुक़ाबला करने के लिए इंसान के पास एक प्रबल, चुंबकीय भविष्य की तसवीर होनी चाहिए, जो मनचाहे परिणामों से भरी हो।

महत्त्वपूर्ण स्वप्न, महत्त्वपूर्ण जीवन

रोमांचक और सुस्पष्ट स्वप्न से हमारी दैनिक गतिविधियों में ज़िंदादिली और रोमांच आ सकता है। स्वप्न हमारे कार्यों को अर्थपूर्ण बनाते हैं। अक्सर हमें महसूस होता है कि हम जो कर रहे हैं, उसका उससे बहुत कम लेना-देना है जो हम हैं या जो हम बनना चाहते हैं। दीर्घकालीन स्वप्न हमें पीछे रोकने वाली गतिविधियों को छोड़ने में मदद करता है।

अंततः वह स्वप्न हमारी शक्तियों, मूल्यों, सबसे गहरे विश्वासों और उस अनूठे गुण को हासिल कर लेता है, जो हमें वह बनाता है जो हम हैं। यह निहायत व्यक्तिगत होता है। यह सबसे गहरे स्तर पर हमें स्पर्श करता है। यह मर्मस्पर्शी है!

यह प्रक्रिया हमारे स्वप्नों और मिशन को वास्तविकता में बदलती है। इसकी चार मुख्य सीढ़ियाँ हैं :

- उद्देश्य/मिशन/स्वप्न की परिभाषा
- राह में आने वाले निश्चित और मापे जा सकने वाले लक्ष्य
- लक्ष्यों को सुदृढ़ बनाने और हासिल करने वाली आदतें
- इन आदतों को डालने और सुदृढ़ बनाने वाली गतिविधियाँ

हर दिन थोड़े से प्रयास से ही यह संभव हो जाता है कि हम हर दिन अपने चरम उद्देश्य की ओर बढ़ें और अनावश्यक गतिविधियों को बाहर निकाल दें। यह हमें ज़्यादा संतोष और संतुष्टि की ओर ले जाएगा। आइए पहले कदम से शुरुआत करते हैं।

मैं जीवन से क्या चाहता हूँ?

उद्देश्य, मिशन और स्वप्न के आपसी फ़र्क़ पर ढेर सारी पुस्तकें और सामग्री लिखी जा चुकी है। व्यावहारिक संदर्भ में देखें, तो ये तीनों मिलकर हमारे जीवन की संचालक शक्ति होते हैं। उन्हें एक सारगर्भित कथन में मिलाया जा सकता है और मिलाया जाना चाहिए। हमारे दृष्टिकोण से हम इसे व्यक्तिगत मिशन स्टेटमेंट नाम देना चाहेंगे।

प्रभावी व्यक्तिगत मिशन स्टेटमेंट किस चीज़ से बनता है और इसे काग़ज़ पर लिखने का कष्ट क्यों उठाएँ? देखिए, दिशा तय करने की प्रक्रिया प्रभावी लक्ष्य बनाने में हमारी मदद करेगी। अकेले, स्पष्ट और निश्चित लक्ष्य होने पर हम बेहतर निर्णय लेते हैं। अंततः हमारे निर्णय ही वे राहें बनाते हैं, जिन पर हम जीवन में चलते हैं। हम सबसे ज़्यादा क्या चाहते हैं, जब हम उसे पहचान लेते हैं और ख़ुद को उसके प्रति समर्पित कर देते हैं, तो हमारे सामने यह ज़्यादा स्पष्ट हो जाता है कि कौन से निर्णय उस ओर ले जाते हैं और कौन से नहीं ले जाते। काग़ज़ पर इसे उतारने की प्रक्रिया से इसे स्पष्ट करने में मदद मिलती है। यह हमें सबसे महत्त्वपूर्ण प्रश्न का असल जवाब देने के लिए विवश करती है – मैं जीवन से क्या चाहता हूँ?

यदि हमारे जीवन में ज़्यादा उत्कृष्टता लाने का प्रयास करना महत्त्वपूर्ण है, तो हमें यह अति महत्त्वपूर्ण क़दम उठा लेना चाहिए। प्रगतिशील मिशन ख़ुद को हासिल करने के लिए आवश्यक परिवर्तन करने में हमारी मदद करता है। इसमें चुंबकीय आकर्षण होना चाहिए, जो हमें किसी दूसरी जगह ले जाने वाली गतिविधियों को ख़त्म करने में मदद करे। जीवन में रोमांचक उद्देश्य होने से प्रेरणा मिलती है। यह हमें शक्ति, दृढ़ता, धैर्य देती है। यह हमें ज़्यादा बड़े लक्ष्यों या उपलब्धियों और अंततः उत्कृष्टता की खोज में अल्पकालीन त्याग व विपत्ति झेलने की इच्छा प्रदान करती है।

हम अपने स्वप्न को एक साथ कैसे लाएँ?

उद्देश्य खोजने का कोई सटीक फ़ॉर्मूला नहीं है, लेकिन सफल लोगों के साथ साक्षात्कारों और शोध में निम्न क़दमों का पता चलता है :

1. उन गतिविधियों की सूची बनाएँ, जिन्हें करने में आपको सबसे ज़्यादा आनंद आता है।

2. अपनी सभी महत्त्वपूर्ण उपलब्धियों और सफलताओं की सूची बनाएँ।

3. आज से बीस साल बाद की कल्पना करें। आप क्या करना पसंद करेंगे? क्यों?

4. इस दीर्घकालीन भविष्य में आप क्या कर रहे हैं? पूछें, "इस आदर्श भविष्य का सामान्य दिन कैसा दिखेगा?" इसकी समयसारणी बनाएँ।

5. आप वर्तमान से किन मायनों में भिन्न होंगे?

6. अपने कम से कम पच्चीस विश्वासों की सूची बना लें।

7. अपने सबसे महत्त्वपूर्ण मूल्यों की सूची बना लें।

8. स्पष्टता से लिखें कि आप अपने जीवन में कौन सी तीन मुख्य उपलब्धियाँ चाहते हैं।

9. अपनी श्रद्धांजलि लिखें। आप कैसे याद किए जाना चाहेंगे?

ये सूचियाँ बनाने और इनके बारे में सोचने से हमें अपना मनचाहा भविष्य ज़्यादा स्पष्टता और विस्तार से देखने में मदद मिलेगी। हम कुछ पैटर्नों को उभरते हुए देखेंगे।

व्यक्तिगत मिशन स्टेटमेंट अक्सर बस यही होता है – व्यक्तिगत। दूसरे इसके बारे में क्या सोचते हैं, यह उतना महत्त्वपूर्ण नहीं है, जितना यह कि हम इसके बारे में क्या सोचते हैं! हमें यह समझ लेना चाहिए कि जीवन में हर व्यक्ति का मिशन हमारी ही तरह अनूठा होता है।

व्यक्तिगत मिशन स्टेटमेंट को :

- चुंबकीय और रोमांचक होना चाहिए
- हृदय और मस्तिष्क को जकड़ लेना चाहिए

- हमारे अनूठे गुणों पर आधारित होना चाहिए
- एक ऐसे भविष्य का चित्र बनाना चाहिए, जो आज की वास्तविकता से बेहतर है
- हमारे सबसे गहरे मूल्यों और विश्वासों को प्रदर्शित करना चाहिए

ये पाँच परम मापदंड हैं। व्यक्तिगत स्टेटमेंट को सावधानी से पढ़ें। क्या यह रोमांचक है? क्या यह हमें दिखाता है कि हम कहाँ जा रहे हैं? क्या यह अवश्यंभावी संघर्ष, त्याग और मुश्किल चयनों से बाहर निकलने में हमारी मदद करेगा? यदि इसे बिलकुल सही बनाने में समय लगे, तो हैरान नहीं हों। जब यह आदर्श बन जाएगा, तो हमें पता चल जाएगा। जब हम सहायता के लिए अपने अंतर्ज्ञानी स्वरूप का आह्वान करेंगे, तो यह सही महसूस होगा।

लक्ष्य/उद्देश्य और प्राथमिकताएँ

लक्ष्य हमारे व्यक्तिगत मिशन से प्रवाहित होते हैं। ये उत्कृष्टता की राह के दिशासूचक हैं। ये वे मंज़िलें हैं, जिन तक हम मिशन की ओर बढ़ते समय पहुँचते हैं और पार जाते हैं। ये महत्त्वपूर्ण क़दमों की सीढ़ियाँ हैं, जो मिशन पर निर्भर भविष्य को बनाती हैं। इनके बारे में सावधानी से विचार करना चाहिए। जब हम अपने व्यक्तिगत मिशन को स्पष्ट कर लेते हैं, तो इसे विभिन्न क्षेत्रों में तोड़ना अत्यंत महत्त्वपूर्ण होता है, जिन पर हम ध्यान केंद्रित कर सकें।

लक्ष्य तय करने में सबसे पहले तो यह तय करना अति महत्त्वपूर्ण होता है कि हमें कैसा इंसान बनना होगा, ताकि हम अपने व्यक्तिगत मिशन की राह पर सफलतापूर्वक चल सकें। हमें क्या सीखने की ज़रूरत है? हममें क्या बदलने की ज़रूरत है? अक्सर लक्ष्य तय करने में हम इस बात पर बहुत ज़्यादा ध्यान केंद्रित करते हैं कि हम क्या चाहते हैं और इस बात को नज़रअंदाज़ कर देते हैं कि हम क्या बन रहे हैं। हम जो हैं, उसी से तय होता है कि हमें जीवन में क्या मिलता है। स्व-सुधार के निश्चित लक्ष्य तय करने पर ख़ास ध्यान दें, क्योंकि इनकी मदद से हम अपने लक्ष्य ज़्यादा तेज़ी और प्रयासहीनता से हासिल कर सकते हैं।

लक्ष्यों को दीर्घकालीन और अल्पकालीन होना चाहिए। पहले दीर्घकालीन लक्ष्यों से शुरुआत करें। अपने व्यक्तिगत मिशन स्टेटमेंट पर निगाह डालें। कल्पना करें कि हम वहाँ पहुँच चुके हैं। वे महत्त्वपूर्ण सफलताएँ कौन सी हैं, जिनकी बदौलत हम वहाँ तक पहुँचे हैं? सभी क्षेत्रों के लक्ष्यों पर विचार करें। इस रोमांचक भविष्य तक पहुँचने के लिए हमें क्या हासिल करना होगा? इन सवालों के सावधानी से जवाब दें। तब आपके पास दीर्घकालीन लक्ष्यों का एक ठोस समूह होगा।

आदतों का जादू

चार्ल्स डिकेंस ने लिखा था, "हम ही वे जंज़ीरें बनाते हैं, जिन्हें हम जीवन में पहनते हैं।" सवाल यह है कि क्या हम वे जंज़ीरें बना रहे हैं, जो हमें रोक रही हैं या फिर हम अपने प्रगतिशील भविष्य तक पहुँचाने वाली जंज़ीर बना रहे हैं? अरस्तू ने कहा था, "पहले हम अपनी आदतें बनाते हैं, फिर हमारी आदतें हमें बनाती हैं।" जो भी व्यक्ति उत्कृष्टता हासिल करने के बारे में गंभीर है, उसके लिए यह बिलकुल अनिवार्य है कि वह बुरी आदतें छोड़ने और अच्छी आदतें डालने पर बहुत क़रीब से ध्यान दे।

आदतें हमारी सबसे बुरी शत्रु हो सकती हैं। वे हमारी सबसे अच्छी मित्र भी होती हैं। वे अव्यक्तिगत हैं, उन्हें डालने में अनुशासन लगता है और वे ऐसे परिणाम देती हैं, जिनका पूर्वानुमान संभव है। यह सच है, चाहे आदत वांछनीय हो या अवांछनीय। मानें या नहीं मानें, बुरी आदतें डालने में भी उतना ही समय लगता है, जितना कि अच्छी आदतें डालने में। अच्छी और बुरी दोनों तरह की आदतों की क़ीमत चुकानी होती है। हमारा सुझाव यह है कि अपनी आदतों को काल्पनिक वास्तविकता के बजाय चेतन चयन बनाएँ।

सबसे पहले और सबसे बढ़कर, हमारी आदतें ऐसी होनी चाहिए, जो हमारे लक्ष्यों तक पहुँचने में हमारी मदद करें। मिसाल के तौर पर, यदि हम अपने स्वास्थ्य और फ़िटनेस को बेहतर बनाने का बड़ा लक्ष्य तय करते हैं, तो हमें इस लक्ष्य को पुष्ट करने वाली आदतें डालनी चाहिए। शायद अच्छा खाने की आदत डालनी होगी, जिसमें हर दिन ताज़े फल के कम से कम दो टुकड़े हों। इसके लिए व्यायाम की आदत डालनी होगी, जिसमें दिन भर में

बीस मिनट पैदल चलना शामिल हो। कैंडी बार खाने की अवांछनीय आदत को रोकना भी ज़रूरी हो सकता है। जब हम अपने लक्ष्यों के सामंजस्य वाली ठोस आदतें डाल लेते हैं, तो हम सफलता के काफ़ी क़रीब पहुँच जाते हैं। नई आदतों पर चलना ज़्यादा पसंद आने लगता है, क्योंकि वे आरामदेह बन जाती हैं और हमें इस संतुष्टि का पुरस्कार देती हैं कि हम अपने रोमांचक भविष्य से दूर नहीं, बल्कि उसकी तरफ़ बढ़ रहे हैं। हम उत्कृष्ट तब बनते हैं, जब हम इन आदतों पर गर्व करने लगते हैं, इन्हें योग्यता के साथ करते हैं और प्रक्रिया का आनंद लेते हैं!

एक बार में सिर्फ़ दो आदतें

आइए अपने दीर्घकालीन लक्ष्यों पर निगाह डालें। आप जैसा इंसान बनने की कोशिश कर रहे हैं, उसमें कौन सी आदतें हैं? ज़्यादा से ज़्यादा लंबी सूची बनाएँ। इसके बाद उन सारी बुरी आदतों की सूची बनाएँ, जो इस वक़्त आपमें हैं, जिन्हें हटाने के बाद ही आप वह व्यक्ति बन पाएँगे, जो अपने दीर्घकालीन लक्ष्यों को साकार कर पाएगा। सुनिश्चित करें कि ये सूचियाँ शुरू से आख़िर तक हों।

अगला क़दम उन्हें प्राथमिकता के क्रम में जमाना है। कौन सी नई आदतें पहले डालनी हैं और कौन सी अनचाही आदतों को पहले हटाना है? यह बहुत महत्त्वपूर्ण क़दम है। अनुभव बताता है कि एक बार में सिर्फ़ एक-दो आदतों को लेना ही सर्वश्रेष्ठ होता है। एक साथ सबसे जूझने की ताबड़तोड़ कोशिश करने से इतना क्रांतिकारी परिवर्तन और सदमा लगता है कि हम कोशिश जारी नहीं रख पाते हैं।

आदतें डालने और छोड़ने में अपनी प्रगति की निगरानी करने का तरीक़ा तय करें। संभवतः आपके जर्नल में जाँचसूची से मदद मिलेगी। या फिर आपके दैनिक कैलेंडर में एक प्रविष्टि रिमाइंडर के रूप में रखने से काम बन जाएगा।

इसे खंडों विभाजित करना और वास्तविक बनाना

इसे दिन-प्रति-दिन के स्तर तक तोड़ना इस प्रक्रिया का अंतिम क़दम है। आज हमें कौन सी गतिविधियाँ करनी हैं, जो हमें इन आदतों, लक्ष्यों और

अंततः हमारे उद्देश्य की ओर ले जाएँगी? ये हमारी दैनिक कार्यसूची में शामिल होती हैं।

सबसे पहले तो अपने मासिक उद्देश्यों पर नज़र डालें। हालाँकि यह पहलेपहल बोझिल लग सकता है, लेकिन हर दिन मासिक उद्देश्य देखना बहुत महत्त्वपूर्ण है, इसके बाद ही अपनी कार्यसूची में उन दैनिक गतिविधियों को तय करें, जिन पर हमें ध्यान देने की ज़रूरत है। जो काम दिखता है, इंसान में उसे ही करने की प्रवृत्ति होती है। लेकिन दुर्भाग्य से, जो तुरंत दिखता है, वह हमेशा वही नहीं होता जो सबसे महत्त्वपूर्ण होता है। लोगों में जिस पर ध्यान देने की प्रवृत्ति होती है, वह आम तौर पर वह नहीं होता, जिससे उन्हें उनके दीर्घकालीन लक्ष्य हासिल करने में मदद मिलेगी। हमारे जीवन में महत्त्वपूर्ण घटक दिखते रहने चाहिए, ताकि हम उन पर ध्यान केंद्रित कर सकें।

अपनी डेस्क के काग़ज़ों या दूसरों के आग्रहों से अपनी दैनिक कार्यसूची बनाने की प्रवृत्ति से बचें। इसे पहले अपने मासिक उद्देश्यों के आधार पर भरें। बाक़ी का समय दूसरे महत्त्वपूर्ण कामों से भर लें। हर दिन अपने मासिक उद्देश्यों की समीक्षा करने की आदत डालें और हम उत्कृष्टता की राह पर आगे बढ़ने लगेंगे।

2

महान जीवन का मतलब है अपने सर्वोच्च मूल्यों के अनुसार जीना

यदि आप वह व्यक्ति बनने की प्रक्रिया में नहीं हैं, जो आप बनना चाहते हैं, तो आप स्वतः ही वह व्यक्ति बन रहे हैं, जो आप नहीं बनना चाहते हैं।

—डेल कारनेगी

चरित्र उससे तय होता है जो हम अचेतन रूप से, आदतन करते हैं। कहा जाता है कि चरित्र निर्माण का संबंध अवगुणों को घटाने के बजाय *गुणों को बढ़ाने* से होता है। अच्छे गुण बढ़ाने से नकारात्मक पहलू अपने आप कम हो जाते हैं।

पादरी और लेखक ग्रेग एस. बेकर एक युवक की कहानी बताते हैं, जो हमेशा कॉलेज की कक्षाओं में देर से पहुँचता था, क्योंकि वह अपनी अलार्म घड़ी का स्नूज़ बटन बार-बार दबाता रहता था। खुद का इलाज करने के लिए उसने एक क़दम उठाया। झपकी लेने से पहले उसने पाँच मिनट बाद का अलार्म भरा और इसके बजते ही उछलकर उठ गया। उसने यह काम एक दर्जन बार किया। अगली सुबह उसने "स्नूज़" बटन नहीं दबाया।

बेकर महोदय अपने बारे में ऐसी ही कहानी बताते हैं। वे हमेशा से एकांतप्रेमी और अंतर्मुखी थे, जो किसी पादरी के लिए अच्छी बात नहीं थी।

19

इसलिए उन्होंने खुद को प्रशिक्षित किया कि वे किसी दूसरे के अभिवादन करने से पहले खुद उसका अभिवादन करेंगे। यह हमेशा आसान नहीं था – बहुत बहिर्मुखी लोगों का अभिवादन पहले करने में उन्हें बहुत जतन करना पड़ता था। कई बार तो पहले हेलो बोलने के लिए उन्हें हॉल के पार चिल्लाना पड़ता था, लेकिन उनकी कोशिश आख़िरकार रंग लाई। वे लोगों के प्रति दोस्ताना और ज़्यादा बहिर्मुखी बन गए, जिससे उन्हें इस बारे में दोबारा सोचने की ज़रूरत नहीं रह गई।

पुरानी आदतों को ऊपर की मंज़िल की खिड़की से बाहर नहीं फेंका जा सकता; उन्हें एक बार में एक-एक पायदान नीचे आने के लिए फुसलाना पड़ता है।

—*मार्क ट्वेन*

जीने की नैतिक संहिता

हमारे मूल्य यह तय करते हैं कि क्या अच्छा है और क्या बुरा। हमारा नीतिशास्त्र यह तय करता है कि जो अच्छा है और जो बुरा है, उसके आधार पर हम कैसे काम करते हैं। नीतिशास्त्र में मापदंडों का एक समूह शामिल होता है, जो हमें बताता है कि हमें कैसे व्यवहार करना चाहिए। दृढ़ चरित्र वाला कोई भी व्यक्ति नीतिशास्त्र के बिना नहीं जीता है।

जो हमें *करना ही* पड़ता है, नीतिशास्त्र उससे ज़्यादा करना है। यह वह करना है, जो हमें *करना चाहिए।* चूँकि सम्मानजनक रूप से काम करने में अपने मनचाहे कई काम नहीं करना शामिल होता है, इसलिए नीतिशास्त्र का पालन करने में आत्म-नियंत्रण की ज़रूरत होती है। यह अच्छा, सही और सम्मानजनक काम करने के प्रति समर्पण है। हमें खुद से पूछना चाहिए कि क्या हम किसी अनैतिक विकल्प को चुनने की क़ीमत चुकाना चाहेंगे। क्या हम ऐसे विकल्प चुनकर अपने स्वाभिमान, अखंडता, प्रतिष्ठा और सम्मान का त्याग करना चाहेंगे?

चूँकि सही चीज़ करने में हमें दोस्ती, धन, प्रतिष्ठा या आनंद की इतनी ज़्यादा क़ीमत चुकानी पड़ सकती है जो हम नहीं चुकाना चाहते, इसलिए नीतिशास्त्र पर चलने में साहस की भी ज़रूरत होती है। करने के लिए जो

चीज़ सही होती है, वह आम तौर पर सबसे आसान नहीं होती, लेकिन जब हम "हाँ" कहने जैसा महसूस करें, तब "नहीं" कहने से चरित्र बनता है। सही और नैतिक क्या है, यह हम अपने जीवन के रोल मॉडलों से सीखते हैं। विश्वसनीय संबंध सभी नैतिक निर्णयों की बुनियाद होते हैं।

नैतिक चूकों से सुरक्षित रहने का सर्वश्रेष्ठ तरीक़ा यह है कि नैतिक सिद्धांतों के सामने पहले से ही समर्पण कर दिया जाए - सही और ग़लत के हमारे पैमाने परिभाषित करने वाली हमारी ख़ुद की व्यक्तिगत संहिता। यह प्रलोभन का प्रतिरोध करने में मदद करती है और नैतिक दृष्टि से दमदार निर्णय लेने का आधार बन जाती है।

नैतिक संहिता की कोई सीमा नहीं है - यह एक वाक्य में आ सकती है या फिर इसमें व्यक्तिगत विचारों और इरादे के कई पैराग्राफ़ भी शामिल हो सकते हैं।

सही समझ से सही विचार उत्पन्न होता है; सही विचार से सही भाषा उत्पन्न होती है; सही भाषा से सही क्रिया उत्पन्न होती है; सही क्रिया से सही आजीविका उत्पन्न होती है; सही आजीविका से सही प्रयास उत्पन्न होता है; सही प्रयास से सही जागरूकता उत्पन्न होती है; सही जागरूकता से सही एकाग्रता उत्पन्न होती है; सही एकाग्रता से सही बुद्धिमत्ता उत्पन्न होती है; सही बुद्धिमत्ता से सही मुक्ति उत्पन्न होती है।

—बुद्ध का मुक्ति का मार्ग

जब नैतिक मापदंड हमें तय करना हो, जैसे परिवार में, तो हमें स्पष्ट और तार्किक सीमाएँ तय करनी चाहिए। मुख्य शब्द हैं *तार्किक* और *स्पष्ट।* कोई भी अस्पष्ट नियमों या दिशानिर्देशों को पसंद नहीं करता। सीमाओं के कारण बताएँ। *क्या* के पीछे के *क्यों* को स्पष्ट करें और पुष्ट करें। "क्योंकि मैंने ऐसा कहा था," हमारे बचपन में कारगर नहीं रहा था और यह अब भी कारगर नहीं रहेगा। सकारात्मक अंदाज़ में सीमाएँ बताएँ और "क्या नहीं करना है" के बजाय "क्या करना है" पर ध्यान केंद्रित करें। मिसाल के तौर पर, "गोपनीय रखें" सकारात्मक सुझाव है, जो "चुगली नहीं करें" से कहीं बेहतर है।

उचित सीमाएँ तय करने की प्रक्रिया में दूसरों को योगदान देने का अवसर दें। बच्चे दरअसल माता-पिता से ज़्यादा कठोर सीमाएँ तय करने में सक्षम होते हैं। चाहे सीमाएँ तय करने का मूल सुझाव किसी ने भी दिया हो, उनका पालन नियमित और न्यायपूर्ण ढंग से होना चाहिए। उनके पीछे खड़े होने का साहस रखें।

नैतिकता का स्व-आकलन

हम सभी खुद के बारे में बहुत ऊँचे विचार रखते हैं, लेकिन कई बार इस पर कठोर नज़र डालना ज़रूरी हो जाता है कि हमारा रोज़मर्रा का व्यवहार कैसा होता है। क्या हम खुद से अपनी अपेक्षाओं के अनुरूप जी रहे हैं या फिर हम समझौते कर रहे हैं? अपने व्यवहार को समझने और अपनी सीमाएँ जानने से हमें अपने कार्यों को बदलने में मदद मिल सकती है।

नीचे दिए प्रश्नों का इस तरह जवाब दें, जिस तरह आपके सबसे ज़्यादा प्रतिक्रिया करने की संभावना है, उस तरह नहीं जिस तरह आप सोचते हैं कि आपको प्रतिक्रिया करनी चाहिए।

1. आप पूर्णकालिक रोज़गार में हैं और अतिरिक्त समय में कोई दूसरा आपसे एक प्रोजेक्ट करने का आग्रह करता है। इससे आपको अतिरिक्त आमदनी तो होगी, लेकिन आपकी पूर्णकालिक नौकरी के साथ हितों का संघर्ष भी होगा। आप :

   क. प्रस्ताव को स्वीकार कर लेंगे, क्योंकि आप जानते हैं कि किसी को पता नहीं चलेगा और कोई नुक़सान नहीं होगा।

   ख. आपको सचमुच पैसे की ज़रूरत है, इसलिए आप वह अतिरिक्त काम स्वीकार कर लेते हैं और दोनों कामों को अलग रखने की पूरी कोशिश करते हैं।

   ग. अपने बॉस के साथ उस अवसर पर बातचीत करते हैं और मिलकर तय करते हैं कि क्या अतिरिक्त काम करना ठीक है।

2. आप जानते हैं कि आपके मित्र ने ज़्यादा शराब पी ली है और वह कार चलाकर अपने घर जाने वाला है। आप :

क. उसे जाने देंगे, क्योंकि उसका घर सिर्फ़ कुछ मील दूर है।

ख. उससे पूछेंगे कि क्या वह गाड़ी चलाने लायक़ हालत में है और अगर वह हाँ कहता है, तो उस पर विश्वास कर लेंगे।

ग. उसके लिए एक कैब बुला लेंगे या फिर किसी ड्राइवर से उसे घर छुड़वा देंगे।

3. आपने अभी-अभी एक गोल्फ़ टूर्नामेंट में भारी धनराशि जीती है। उसी शाम आपको गोल्फ़ के एक नियम का पता चलता है, जिसकी वजह से आप टूर्नामेंट में हार जाते। किसी ने भी आपकी उस ग़लती को नहीं देखा। आप :

क. इसे अपने तक रखते हैं, क्योंकि यह एक ऐसी ग़लती थी, जिसका आपको पता नहीं था।

ख. इतने शर्मिंदा होते हैं कि कुछ कह नहीं सकते और आप इसे दोबारा कभी नहीं करने की क़सम खाते हैं।

ग. अपनी ग़लती सबसे सामने स्वीकार कर लेते हैं और पैसे लौटा देते हैं।

4. आप अपनी 12 साल की बेटी को फ़िल्म दिखाने ले जाते हैं। आपको पता चलता है कि वयस्क और बच्चे के टिकट में 4 डॉलर का अंतर है। 11 साल और इससे कम उम्र वालों को बच्चा माना जाता है। आप :

क. एक वयस्क और एक बच्चे का टिकट माँगेंगे।

ख. अपनी बेटी से पूछेंगे कि उसके हिसाब से आपको क्या करना चाहिए और फिर उसकी सलाह के अनुरूप काम करेंगे।

ग. दो वयस्कों के टिकट माँगेंगे।

5. आपका मित्र अपने मित्रों को देने के लिए कॉपीराइट वाले वीडियोज़ की प्रतियाँ बना रहा है। आप :

क. कुछ नहीं कहते हैं, क्योंकि हर व्यक्ति यही कर रहा है और उसे इससे कोई आर्थिक लाभ नहीं हो रहा है।

ख. गुप्त रूप से अधिकारियों को फ़ोन करेंगे।

ग. उसे बताते हैं कि यह ग़लत काम है और इसे छोड़ने की सलाह देते हैं।

6. आपका ऑफ़िस में एक्सपेंस अकाउंट है और आप व्यक्तिगत ख़र्चों को कारोबारी ख़र्चों में बदल रहे हैं। आपके एक सहकर्मी को इसी वजह से अभी–अभी नौकरी से निकाला गया है। आप :

क. इसे छोड़ने की क़सम खाएँगे।

ख. इसके बारे में कुछ नहीं कहेंगे, लेकिन यह हिसाब लगाएँगे कि आपने अब तक कितने पैसों की हेराफेरी की है। दोबारा किसी वैध कारोबारी ख़र्च को जोड़ने से पहले आप उस राशि को चुका देंगे।

ग. अपने सुपरवाइज़र को अपनी हेराफेरी के बारे में बता देते हैं, इसे छोड़ने की क़सम खाते हैं और पिछली पूरी राशि चुका देते हैं।

7. आप और आपका जीवनसाथी एक शानदार रेस्तराँ में डिनर ले रहे हैं। बिल आने पर आप ग़ौर करते हैं कि आपने जो वाइन की महँगी बोतल ली थी, उसकी क़ीमत उसमें नहीं जुड़ी है। आप :

क. बिल चुका देते हैं और एक सामान्य टिप छोड़ते हैं, क्योंकि आप महसूस करते हैं कि भोजन और वाइन की क़ीमत बहुत ज़्यादा थी।

ख. बिल चुका देते हैं, लेकिन आप जितनी टिप देने वाले थे, उससे ज़्यादा टिप देते हैं।

ग. वेटर को ग़लती बता देते हैं।

डेल कारनेगी कहते हैं : यदि मैं आप पर विश्वास नहीं करता हूँ, तो मैं आपको विश्वसनीय नहीं मानूँगा, ना ही मैं आपका सम्मान करूँगा। यदि मैं आपका सम्मान नहीं करता हूँ, तो मैं आपको भरोसे के क़ाबिल नहीं मानूँगा।

स्पष्ट आँखों से, बंद आँखों से नहीं

हमारे दिन प्रति दिन के ज़्यादातर निर्णय सही या ग़लत वाले निर्णय नहीं होते हैं। इसके बजाय उनमें प्राथमिकताओं, कार्यकुशलता, नियोजन और संसाधनों का प्रबंधन शामिल होता है। कुछ निर्णयों में ग़लत और सही की नैतिक

सीमाएँ शामिल होती हैं। इन भावनात्मक और जटिल स्थितियों में अक्सर समय का दबाव होता है। यह बहुत आसान होता है कि हम प्रलोभन की वजह से अपनी आँखों पर पट्टी बाँध लें। अक्सर हमें प्रतिक्रियाशील बनकर नैतिक चयन करने के लिए मजबूर किया जाता है।

जब आप नैतिक दृष्टि से संवेदनशील स्थिति में होते हैं, तो यह अपने नैतिक मापदंड तय करने का सबसे बुरा समय होता है। हमें काम करने से पहले जानकारी की समीक्षा करनी होती है, परिणामों को भाँपना होता है, दूसरों के बारे में सोचना होता है और अपनी भावनाओं का प्रबंधन करना होता है। ऐसी स्थिति में नैतिक निर्णय जल्दबाज़ी में लिए जाते हैं, लेकिन उनके परिणाम जीवन भर चल सकते हैं। इसीलिए सावधानी से विचार करना महत्त्वपूर्ण होता है। नैतिक संहिता मदद कर सकती है। यह जीवन में हमारी दिशा तय करती है।

डेल कारनेगी इन मुद्दों पर सोच-विचार करने का सुझाव देते हैं :

1. हमें यह सोचना चाहिए कि सभी हिस्सेदारों – निर्णय से प्रभावित होने वाले सभी लोगों – पर काम का क्या प्रभाव पड़ेगा। कुछ करने से पहले हमें यह तय कर लेना चाहिए कि जो काम करने के बारे में हम सोच रहे हैं, उससे किसे मदद मिलने या नुक़सान पहुँचने की संभावना है; फिर हमें उस नुक़सान से बचने या उसे कम करने के बारे में सोचना चाहिए। कुछ अच्छे सवाल ये हैं, जो हमें ख़ुद से पूछना चाहिए : "अगर भूमिकाएँ उलट जाएँ, तो क्या होगा? अगर मैं किसी हिस्सेदार की जगह पर होता, तो मुझे कैसा महसूस होता?"

2. हमारी नैतिक संहिता हमारे जीवन के लिए ज़मीनी नियम तय कर देती है। वे हमारी नैतिक संहिता के अनुरूप हैं या नहीं, यह तय करने के लिए विकल्पों और चयनों को तौलें।

3. हमारी नैतिक संहिता (विश्वास, सम्मान, ज़िम्मेदारी, निष्पक्षता, सामाजिक सेवा) अनैतिक प्रेरणाओं (पैसे, शक्ति या लोकप्रियता) से बेहतर होती है और उन्हें ख़ारिज कर देती है।

4. दीर्घकाल अल्पकाल पर भारी पड़ता है। पूछें कि मेरे कार्यों के संभावित परिणाम क्या होंगे... अल्पकाल में और दीर्घकाल में?

5. उस विकल्प को चुनें, जिससे सबसे ज़्यादा हित होगा। यदि हम यह तय नहीं कर पा रहे हैं कि क्या करना है, तो उसे चुनें, जिससे सबसे ज़्यादा लोगों का सबसे ज़्यादा हित होगा। कठोर निर्णय लेने के लिए उन विकल्पों को ख़त्म कर दें, जिनका नैतिक मूल्य ही नहीं है। फिर बचे हुए सबसे नैतिक विकल्प को चुन लें।

जब आपके पास स्पष्ट मूल्य और मानदंड होते हैं, तो निर्णय लेना आसान होता है।

—रॉय डिज़नी

"आंतरिक टेक्स्ट मैसेजिंग" पर निगाह रखें

टेक्स्ट मैसेज हमें नई व महत्त्वपूर्ण जानकारी देते हैं या समस्याओं की चेतावनी देते हैं। इसी तरह हमारी इंद्रियाँ भी पेचीदा स्थितियों में हमें "आंतरिक टेक्स्ट मैसेज" भेजती हैं। वे हमें संभावित समस्याओं या नैतिक ख़तरों की चेतावनी देती हैं, बशर्ते हम उन पर ग़ौर करना सीखें।

हम इन आंतरिक संदेशों को विभिन्न कूट नामों से पहचान सकते हैं :

- टीजीआर - यह स्वर्णिम नियम (द गोल्डन रूल) है कि दूसरों के साथ वैसा ही बर्ताव करें, जैसा आप अपने साथ चाहते हैं।

- पीओएस - अभिभावक कंधे के पीछे (पैरेंट ओवर शोल्डर) का मतलब है आप जो कह या कर रहे हैं, क्या आप चाहेंगे कि आपकी मम्मी, डैडी, दादा-दादी या प्रिय रिश्तेदार को उसका पता चल जाए?

- सीआईडब्ल्यू - बच्चा देख रहा है (चाइल्ड इज़ वाचिंग) कोड का मतलब है कि आप जो कह या कर रहे हैं, क्या आप चाहेंगे कि आपके बच्चे को उसका पता चल जाए?

- एफ़पीएन - मुखपृष्ठ की ख़बर (फ़्रंट पेज न्यूज) का तात्पर्य है कि आपका काम स्थानीय समाचारपत्र के मुखपृष्ठ पर कैसा दिखेगा? क्या आप अपनी सोच और अपने नैतिक चयन को स्पष्टता से और पूर्णतः तर्कसंगत साबित कर सकते हैं?

- ईओडी – दिन के अंत में (एंड ऑफ़ डे) का अर्थ है कि आप जो करने जा रहे हैं, अगर वही ज़्यादातर लोग करें, तो क्या यह एक अच्छी चीज़ होगी?

- 5डब्ल्यू1एच – कौन, क्या, कब, कहाँ, क्यों, कैसे (हू, वाट, वेन, वेयर, वाई, हाउ) पूछने का मतलब है कि वह कौन सा नैतिक निर्णय है, जिसका आप सामना कर रहे हैं या जिसका सामना करने की आप उम्मीद कर रहे हैं? आप क्या करेंगे?

सर्वोच्च मूल्य वे होते हैं, जो हमारे आस-पास के संसार को उन्नत करते हैं। डेल कारनेगी का मानना था कि हमें हमेशा ज़्यादा दयालु, ज़्यादा नरम मूल्यों की ओर झुकना चाहिए।

> *मुझे परवाह नहीं है कि दूसरे मेरे काम के बारे में क्या सोचते हैं, लेकिन मुझे इस बात की बहुत ज़्यादा परवाह है कि अपने काम के बारे में मैं खुद क्या सोचता हूँ। यह चरित्र है।*
>
> *—थियोडोर रूज़वेल्ट*

3

व्यक्तिगत शक्ति : इसे खोजें और इसे रखें

एक मेंढक में भी चार औंस शक्ति होती है।

—*चीनी सूक्ति*

अक्सर हमारा परिप्रेक्ष्य खो जाता है, क्योंकि हम तनावपूर्ण स्थिति में अच्छी चीज़ें देखना छोड़ देते हैं। ऐसी स्थितियों में अनुभव, बुद्धिमत्ता, श्रम, सहज बोध और व्यवहार की योग्यताएँ जैसी व्यावहारिक संपत्तियाँ सकारात्मक परिणाम उत्पन्न करने के लिए बहुत महत्त्वपूर्ण होती हैं। यदि हम अपनी योग्यताओं की संपत्ति के संदर्भ में नकारात्मक चीज़ों पर ध्यान केंद्रित कर रहे हैं, तो हम "आधा गिलास ख़ाली या आधा गिलास भरा" सिंड्रोम के शिकार हो सकते हैं। जो लोग गिलास को लगातार आधा ख़ाली देखते हैं, उनकी जाँच करने पर हमें पता चलता है कि उनके गिलास आम तौर पर भरे हुए नहीं होते।

संपत्तियों की सूची

अपनी संपत्तियाँ जोड़ने का काम सूची बनाने का मूल्यवान अवसर होता है। हममें से ज़्यादातर लोग यह मानते हैं कि सूची बनाना नकारात्मक चीज़ होती है, जिससे चिंता उत्पन्न होती है। लेकिन किसी तनावपूर्ण स्थिति में

सूची बनाना उपयोगी होता है। इस चीज़ की सूची बनाएँ कि हमारे पास क्या-क्या है और हम मेज़ पर क्या लेकर आते हैं। इसमें हमेशा ऐसे गुणों और विशेषताओं को शामिल करें, जिन्हें हम प्रायः नज़रअंदाज़ कर देते हैं, जिसकी वजह से हमें नुक़सान होता है।

रोचक बात वह जानकारी है जो दूसरों को पता है, लेकिन हमें नहीं पता... ये अंधत्व के पल दुर्लभ और मूल्यवान उपहार होते हैं। वे संभवतः आहत करते हैं (सत्य अक्सर करता है), लेकिन सिखाते भी हैं।

—मार्शल गोल्डस्मिथ

एक विचार यह है कि हम किसी बहुत निष्पक्ष, संयमशील मित्र से कहें कि वह हमारी मूल्यवान संपत्तियों की सूची बनाने में मदद करे। यह कोई ऐसा व्यक्ति होना चाहिए, जो लोगों को खुश करने की प्रवृत्ति नहीं रखता हो। यह परिवार का कोई सदस्य या साझेदार नहीं होना चाहिए, बल्कि ऐसा व्यक्ति होना चाहिए, जो हमें और हमारे जीवन को ग़ौर से देखता हो। वह आपके जो गुण बताएगा, उन पर आपको आश्चर्य होगा। हमारा अगला काम यह है कि हम इस सूची पर विश्वास करें और इसके हिसाब से काम करें।

सबसे पहले ख़ुद पर विश्वास करें

ख़ुद में स्वस्थ विश्वास होना मानसिक दृष्टिकोण का मुख्य पहलू है। शुरुआत करने का एक अच्छा तरीक़ा यह है कि हम ख़ुद को उन तमाम उपलब्धियों की याद दिलाएँ, जो हमने जीवन में अब तक हासिल की हैं। हमें यह भी याद रखना चाहिए कि किसी स्थिति में हमारे पास कौन-कौन सी व्यक्तिगत शक्तियाँ हैं।

अगर हम ख़ुद में विश्वास करते हैं, तो इसका पुरस्कार यह भी होता है कि दूसरे भी हममें विश्वास करने लगेंगे। इस तरह हम आत्म-शंका से उबर जाएँगे और स्थिरता से आगे बढ़ेंगे।

मैंने रात को पढ़ा और समुद्र तट पर मीलों तक चली, ख़राब कविता लिखी और किसी अद्भुत व्यक्ति की अंतहीन तलाश की, जो मेरी ज़िंदगी को बदलकर अंधकार से बाहर निकाले। मेरे दिमाग़ में कभी आया ही नहीं कि वह व्यक्ति मैं ख़ुद भी हो सकती हूँ।

—अन्ना क्विंडलेन

हमारे चारों ओर एक ऐसा संसार है, जो हमें बदलने की पूरी कोशिश कर रहा है। अक्सर हम अपने अनूठेपन और *विशिष्टता* का सम्मान करने के बजाय संसार के साथ सहयोग करने लगते हैं। हमारे फ़िंगरप्रिंट ही अरबों लोगों के फ़िंगरप्रिंट से ना केवल अलग होते हैं बल्कि हमारा ख़ास व्यक्तित्व भी अनूठा होता है, जो सिर्फ़ हमारा होता है।

उन लोगों के बारे में सोचें, जिन्होंने पिछले कुछ दशकों में हमारे सांस्कृतिक, राजनीतिक और आहार तक के परिदृश्य बदले हैं। उनमें से ज़्यादातर इसलिए अलग हटकर दिखे, क्योंकि उनमें चीज़ों को अपनी ख़ुद की शैली में करने या अपनी ख़ुद की विचित्रताओं में विश्वास करने का साहस था। शायद हरा होना आसान नहीं होता है, लेकिन वे कम से कम पीले तो नहीं थे।

स्व-पराजय नहीं, बल्कि स्व-विश्वास

किसी काम में सफलता के आपके अवसर हमेशा ख़ुद में आपके विश्वास से तौले जाते हैं।

—रॉबर्ट कॉलियर

ख़ुद में स्वस्थ विश्वास महान जीवन का अनिवार्य घटक है। यह स्पष्ट लगता है, लेकिन अगर ज़्यादा लोग ख़ुद में विश्वास करते होते, तो संसार का हुलिया ही अलग होता। तब लोगों को ख़ुश करने की प्रवृत्ति कम होती, जो झूठ बोलने का पर्याय है।

हम दूसरों में स्व-विश्वास पहचान सकते हैं। वास्तव में, यह उन लोगों में होता है, जिनके आस-पास रहने पर हम सबसे ज़्यादा ख़ुश होते हैं, चाहे हम वहाँ ख़ुद पहुँचे हों या नहीं।

जो लोग ख़ुद में विश्वास की कमी प्रदर्शित करते हैं, वे विनम्र या शालीन नहीं होते। इसके विपरीत वे दूसरों के लिए बोझ होते हैं। उनमें चिंतित, शायद ज़रूरतमंद और अक्सर नाराज़ होने की प्रवृत्ति होती है। दूसरी ओर, जो व्यक्ति सचमुच आत्मबोधी होते हैं, ना सिर्फ़ हम उन पर भरोसा कर सकते हैं, बल्कि हम सामाजिक, पारिवारिक और कामकाजी स्थितियों में भी उन पर भरोसा कर सकते हैं। उनका स्वभाव काम करते समय भी आनंद लेने का होता है। सुरक्षित होने की वजह से वे दूसरों का पक्ष लेते हैं।

छिपने के लिए कोई नक़ाब नहीं

जो लोग ख़ुद पर विश्वास करते हैं, वे हमारी ख़ातिर नक़ाब भी नहीं पहनते हैं। वे गिरगिट की तरह रंग नहीं बदलते हैं। हमें यह अंदाज़ा नहीं लगाना पड़ता है कि वे लोगों को ख़ुश कर रहे हैं या नहीं। हमें यह अंदाज़ा भी नहीं लगाना पड़ता कि उनकी कही और की गई बात पर भरोसा किया जा सकता है या नहीं।

ख़ुद पर विश्वास को ग़लती से अपना महिमामंडन, डींगें हाँकना या अहंकार नहीं समझना चाहिए। वास्तव में, यह कहा गया है कि हम विनम्रता का सच्चा अहसास सिर्फ़ तभी दिखाते हैं, जब हम हमेशा दूसरों को ज़्यादा महत्त्वपूर्ण बनाने के बजाय अपनी महत्ता को स्वीकार करते हैं। सुरक्षित लोग प्रशंसा की ताक में नहीं रहते हैं और सम्मान की ख़ातिर लड़ते नहीं हैं, इसलिए उनके आस-पास रहना ज़्यादा आसान होता है।

अंत में आपको उनका सम्मान इस बात से हासिल होता है कि क्या आप अपने सच्चे स्वरूप में हैं। और क्या आपके सच्चे स्वरूप में वह समाहित है, जो वे बनना चाहते हैं।

—जेम्स एम. कूजेस, लीडरशिप स्कॉलर

एक और अनुशंसित अभ्यास

अगर हम भविष्य में होने वाली अपनी रिटायरमेंट पार्टी का चित्र देखें, तो हमें ख़ुद के बारे में बहुत कुछ पता चल जाएगा। सुदूर भविष्य में होने वाली घटना की फंतासी हमें अपनी व्यक्तिगत शक्ति या गुणों के बारे में क्या बता सकती है? पार्टी की तसवीर देखें और नीचे दिए गए ख़ाली स्थान भरें :

"मैं चाहता हूँ मेरे परिवार के सदस्य यह कहें कि..."

"मैं चाहता हूँ मेरी कामकाजी टीम या स्टाफ़ के सदस्य यह कहें कि..."

"मैं चाहता हूँ मेरे अधिकारी यह कहें कि..."

अब यह निर्णय लें कि अगले छह महीने में हम कौन से व्यक्तिगत गुण बढ़ा सकते हैं, ताकि यह सुनिश्चित हो जाए कि हमारे ये नज़दीकी लोग हमारे बारे में ज़्यादा संतुष्टिदायक बातें कहें।

डेल कारनेगी आत्मविश्वास और व्यक्तिगत शक्ति बढ़ाने के लिए छह तरीक़ों का सुझाव देते हैं :

स्व-स्वीकृति

यह इंसान के रूप में ख़ुद को स्वीकार करने की हमारी योग्यता है। यह तब आती है, जब हम अपने सकारात्मक गुणों, शक्तियों और अनूठी विशेषताओं पर ध्यान केंद्रित करते हैं, जिनकी बदौलत ही हम वह बनते हैं जो हम हैं। जब हम इन क्षेत्रों पर ध्यान केंद्रित करते हैं, तो आत्मविश्वास और आत्म-गौरव दोनों पर ही सकारात्मक प्रभाव पड़ता है। अपनी शक्तियों के बजाय अपनी कमज़ोरियों पर ध्यान केंद्रित करना ज़्यादा आम होता है। हमें सकारात्मक तसवीरों पर ध्यान केंद्रित करने में ख़ुद की और दूसरों की भी मदद करनी चाहिए।

आत्म-सम्मान

इसका मतलब है अपनी पिछली सफलताओं और उपलब्धियों पर ध्यान केंद्रित करना और अपनी नेकी के लिए ख़ुद की क़द्र करना। जब हम अपनी सफलताओं के बारे में सोचने में समय लगाते हैं, तो हमारा दृष्टिकोण बदल जाता है और हमारा आत्मसम्मान व आत्मविश्वास बढ़ जाता है। "सफलता की सूची" बनाना एक मूल्यवान अभ्यास है। यह जीवन भर की हमारी सफलताओं और उपलब्धियों की सूची है।

आत्म-चर्चा

जब हम ऊपर बताई गई दो श्रेणियों को मिला देते हैं, तो हम एक आत्म-चर्चा तैयार कर लेते हैं, जिसके समर्थन में प्रमाण होता है। आत्म-चर्चा हमें उन गुणों और उपलब्धियों की याद दिलाती है, जिन पर हमें सबसे ज़्यादा गर्व

है। यह उस एकमात्र चीज़ की बागडोर दोबारा थामने का औज़ार है, जिस पर हमारा चरम नियंत्रण होता है - हमारी सोच।

जोखिम लें

हम नए अनुभवों को जीत या हार के अवसर मानने के बजाय सीखने के अवसर भी मान सकते हैं। जब हम जोखिम लेते हैं, तो हमारे आरामदेह दायरे का विस्तार होता है। ऐसा करने से नई संभावनाओं के द्वार खुल जाते हैं और इससे आत्म-स्वीकृति तथा आत्मसम्मान का अहसास बढ़ सकता है।

अपने असली स्वरूप में रहें

जब हम ऊपर बताई सारी श्रेणियों को जोड़ लेते हैं, तो हमारा आत्मविश्वास और आत्म-गौरव बढ़ जाता है। इससे हमारे अपने असल स्वरूप में रहने की संभावना बढ़ जाती है। दूसरों से ईर्ष्या करने और उनकी नक़ल करने की कोशिश से आत्मविश्वास जितना ज़्यादा कम होता है, उतना किसी दूसरी चीज़ से नहीं होता। यदि हम अपने अनूठे स्वरूप को स्वीकार कर लेते हैं और उसी स्वरूप में रहते हैं, तो लोग हमारी तरफ़ आकर्षित होंगे और स्व-महत्ता की हमारी भावनाएँ और ज़्यादा बढ़ जाएँगी।

समर्थन तंत्र बनाएँ

चाहे हम कितने भी आत्मविश्वासी हों, हमारे आत्मविश्वास को कम करने वाली घटनाएँ और लोग हमेशा होंगे। अपने जीवन में मौजूद उन लोगों के बारे में सोचें, जो आपको अपने बारे में अच्छा महसूस कराते हैं और सकारात्मक ऊर्जा प्रसारित करते हैं। जब आप ख़ुद से निराश हों, तो इन लोगों से समर्थन हासिल करें।

डेल कारनेगी ख़ुद के लिए ये लिखने का सुझाव देते हैं : एक संक्षिप्त प्रेरक चर्चा, तीन चीज़ें लिखें जिन पर आपको सबसे ज़्यादा गर्व है और एक जोखिम के बारे में लिखें, जो हम निकट भविष्य में लेने वाले हैं।

4

....

संतुलित जीवन की सुंदरता

ख़ुशी गहनता का मामला नहीं है; यह तो संतुलन, व्यवस्था, लय और सामंजस्य का मामला है।

—थॉमस मर्टन

हममें से ज़्यादातर लोग संतुलित जीवन जीना चाहते हैं। हम अपने जीवन के हर क्षेत्र में सही मात्रा में समय देना चाहते हैं, जितना कि हमें देना चाहिए। सिर्फ़ इसलिए, क्योंकि तभी हम बेहतर महसूस करते हैं। लेकिन अक्सर हमें यह अहसास होता है कि हमारा जीवन ना जाने क्यों संतुलन के बाहर चला गया है। कई बार इसके पीछे तुलनात्मक रूप से अल्पकालीन कारण होता है, जैसे कोई दुर्घटना या चोट, ऑफ़िस बदलना या दूसरी जगह जाकर रहना। बाक़ी मामलों में, संतुलन के बाहर होने का अहसास ज़्यादा दीर्घकालीन होता है। हम हर दिन, हर महीने, हर साल ऐसा महसूस करते हैं। हमें संतुलन के महत्त्वपूर्ण मुद्दे पर ग़ौर करना चाहिए। हमें यह विश्लेषण करना चाहिए कि हम हर क्षेत्र में इस समय कितनी ऊर्जा और समय लगा रहे हैं। इससे हम एक ऐसी योजना बना सकते हैं, जिसकी बदौलत हमें संतुलन का ज़्यादा अहसास होगा।

बुनियादी तौर पर देखें, तो कामकाज, परिवार, स्वास्थ्य, समुदाय, आध्यात्मिकता, हमारा निजी जीवन, हमारा सामाजिक जीवन और विचार हमारे जीवन के मुख्य क्षेत्र हैं।

हम किस तरफ़ झुक रहे हैं?

समय-समय पर यह आकलन करने में समझदारी होती है कि हम विभिन्न क्षेत्रों में जितना समय और ऊर्जा लगा रहे हैं, उससे हमें वर्तमान में कितनी संतुष्टि मिल रही है। फिर ऐसे कार्य करने का संकल्प लें, जिनसे हमारा जीवन ज़्यादा संतुलित बन जाए।

हमारे करियर में लगने वाला समय अक्सर कामकाज के सामान्य सप्ताह तक ही सीमित नहीं रहता है। यह अक्सर उसके आगे तक जाता है। इसमें ख़ास योगदान देने वाली दो चीज़ें हैं। एक तो यात्रा में लगने वाला समय और दूसरी ऑफ़िस का काम घर लाना। स्वास्थ्य के क्षेत्र में व्यायाम, आहार, मनोवैज्ञानिक परामर्श और जीवनशैली के अन्य चयन शामिल होते हैं।

हम अपने आस-पास के समुदाय या समाज में अपने संतुलन को सही कर सकते हैं। इसके लिए हम किसी ऐसी चीज़ का योगदान दे सकते हैं, जिसमें हमें आनंद आता हो, चाहे यह कोचिंग हो या किसी बोर्ड अथवा सभा में सेवा हो। हम अपने जीवन में आध्यात्मिकता पर ध्यान केंद्रित करके भी दोबारा संतुलन हासिल कर सकते हैं। इसमें आराधना या अध्ययन अथवा योग, ध्यान, ताई ची, नियमित रिट्रीट जैसे व्यापक विकल्प शामिल हो सकते हैं।

> *आश्चर्य के प्रति जागरूक बनें। संतुलित जीवन जिएँ – हर दिन थोड़ा सीखें, थोड़ा सोचें, थोड़ी ड्रॉइंग, थोड़ी पेंटिंग करें, थोड़ा गाएँ, थोड़ा नाचें, थोड़ा खेलें और थोड़ा काम करें।*
>
> *—रॉबर्ट फलजम*

हमारा जीवन अक्सर बर्फ़ीले फुटपाथ जैसा होता है। हम एक छोर पर खड़े होते हैं और हमें दूसरे सिरे तक चलकर जाना होता है, लेकिन हम किसी भी समय अचानक फिसलकर गिर सकते हैं। हमारी व्यग्रता कितनी है, इसके आधार पर हम या तो सँभलकर क़दम रख सकते हैं या फिर सर्वश्रेष्ठ की आशा करते हुए तेज़ी से कोशिश कर सकते हैं। दोनों ही स्थितियों में यह आशंका रहती है कि अगर हम अपना संतुलन क़ायम नहीं रख पाए, तो हम फिसल पड़ेंगे और गिर जाएँगे।

जब हम संतुलन खोने लगते हैं, तो हम पाते हैं कि हम अपने जीवन के किसी ख़ास क्षेत्र में योजना से बहुत ज़्यादा समय लगा रहे हैं और बाक़ी क्षेत्रों में पर्याप्त समय नहीं दे रहे हैं। यह परिस्थिति समय के साथ बन सकती है या फिर अप्रत्याशित घटनाओं की वजह से अचानक प्रकट हो सकती है। यहाँ पर कुछ आम घटनाएँ दी जा रही हैं, जो हमारे जीवन में संतुलन के अहसास को गड़बड़ कर सकती हैं। एक तरह से वे हमारी बाह्य निर्धारक परिस्थितियाँ हैं :

चोट या बीमारी, नौकरी बदलना, कर्मचारियों का नौकरी छोड़कर जाना, बड़े प्रोजेक्टों का दबाव, आग, बाढ़ या किसी प्रियजन की मृत्यु जैसी विनाशकारी घटना। अन्य हैं यात्रा, विवाह या तलाक़, पढ़ाई पूरी होना या विवाह और संबंधों के मुद्दे।

इसके अलावा आंतरिक निर्धारक परिस्थितियाँ भी होती हैं (जो शायद उतनी स्पष्ट चीज़ें नहीं हैं), जो हमारे जीवन को संतुलन से बाहर कर सकती हैं। डेल कारनेगी के अनुसार वैसी कुछ आंतरिक निर्धारक परिस्थितियाँ ये हैं :

थकान, टालमटोल, ख़ुद पर तरस खाना, ख़राब समय प्रबंधन, आलोचना करना, निंदा करना, शिकायत करना और उत्साह की कमी।

संतुलन का एक छोटा सा परीक्षण

यहाँ कुछ प्रश्न दिए जा रहे हैं। हाँ या नहीं में इनका जवाब दें।

- मैं जितना लगाना चाहता हूँ, कामकाज में उससे ज़्यादा समय लग जाता है।

- अब मैं ख़ुद के लिए शायद ही कभी कुछ करता हूँ।

- मेरे दिन प्रचुर गतिविधियों के कारण व्यस्ततापूर्ण रहते हैं।

- मैं अपने कामकाज संबंधी सभी छुट्टियों और व्यक्तिगत दिनों का इस्तेमाल नहीं करता हूँ।

- मैं बाहरी रुचियों और शौक़ों में कम से कम समय लगाता हूँ।

- मैं फ़िल्म, संगीत समारोह, म्यूज़ियम आदि देखने शायद ही कभी जाता हूँ।

- मैं अक्सर महत्त्वपूर्ण पारिवारिक कार्यक्रमों में जाना चूक जाता हूँ।
- मैं अक्सर कामकाज घर ले आता हूँ।
- मैं अब अपने मित्रों के साथ बहुत कम समय बिताता हूँ।
- मैं ज़्यादातर समय थका होता हूँ।
- मैं सामान्य से ज़्यादा चिड़चिड़ा हो गया हूँ।
- मैं सामान्य से ज़्यादा शिकायत करने लगा हूँ।
- मुझे अब अपने काम में उतना मज़ा नहीं आता, जितना पहले आता था।
- मैं कई चीज़ें तो दूसरों के प्रति ज़िम्मेदारी के अहसास की वजह से करता हूँ।
- हर दिन मुझे उपलब्धि का बहुत कम अहसास होता है।

यदि आपने "हाँ" में जवाब तीन से ज़्यादा बार दिया है, तो संभवतः आपका जीवन संतुलन से बाहर हो गया है।

डेल कारनेगी के "संतुलन संबंधी बुनियादी सिद्धांत"

डेल कारनेगी ने हमारे जीवन में संतुलन को बढ़ाने वाले जो बुनियादी सिद्धांत दिए हैं, उनकी अजर-अमर सूची को देखने में समझदारी है। इस सूची का शीर्षक है, "एक ऐसा मानसिक नज़रिया बनाएँ, जिससे आपको शांति और खुशी मिले।" यह उनकी अमर बेस्टसेलर पुस्तक *चिंता छोड़ो, सुख से जियो* से ली गई है।

1. अपने मन में शांति, साहस, स्वास्थ्य और आशा के विचार भर लें।
2. कभी अपने शत्रुओं से हिसाब बराबर करने की कोशिश नहीं करें।
3. कृतघ्नता की उम्मीद करें।
4. अपनी मुश्किलें नहीं, बल्कि अपनी नियामतें गिनें।
5. दूसरों की नक़ल नहीं करें।
6. अपने नुक़सानों से फ़ायदा उठाएँ।
7. दूसरों को खुशी दें।

जीवन में संतुलन रखना सबसे अच्छी और सबसे सुरक्षित चीज़ है।

—युरिपिडीज़ (484 ई.पू. - 406 ई.पू.)

दोबारा संतुलन हासिल करने के साधन

अपने जीवन के अलग-अलग घटकों के बारे में सोचें। वे कई श्रेणियों में आ सकते हैं, जैसे करियर, वित्त, स्वास्थ्य, परिवार, सामाजिक जीवन, आप ख़ुद, आपका समाज और आपका आध्यात्मिक जीवन। यदि इनमें से कोई भी घटक आपके जीवन पर हावी हो रहा है या उसकी उपेक्षा हो रही है, तो इस बारे में सोचें कि आपके नियंत्रण के भीतर क्या है, जिससे आप दोबारा प्राथमिकताएँ तय कर सकते हैं और सफलतापूर्वक संतुलन खोज सकते हैं।

करियर : समय पर ऑफ़िस से घर लौटें, अपने जीवन को संतुलित करने में सहयोग माँगें और अपने वर्तमान नियोक्ता से परिवर्तन की सौदेबाज़ी करें।

वित्त (इसमें बचत, निवेश, कर्ज़ कम करना, ख़रीदारी और बिल चुकाना शामिल हैं) *:* सबसे नवीनतम नवाचार, जिसमें प्रौद्योगिकी के नवाचार शामिल हैं, ख़रीदने के प्रलोभन का प्रतिरोध करें; अपने वित्तीय जीवन को व्यवस्थित करें और भावी आवश्यकताओं के लिए ज़्यादा पैसे अलग रखें।

स्वास्थ्य (इसमें आहार, व्यायाम, नींद, शराब, धूम्रपान शामिल है) *:* हर दिन निश्चित समय पर सोने जाएँ और सोकर उठें, हर सप्ताह तीन-चार बार व्यायाम करें और उचित पोषण लें।

परिवार : परिवार अक्सर हमारे जीवन की सबसे पहली प्राथमिकता होता है, हालाँकि दूसरे क्षेत्र परिवार को अक्सर नीचे दबा देते हैं, क्योंकि "यह हमेशा वहाँ रहेगा।" पारिवारिक पठन समय तय करें, परिवार वालों के साथ बाहर घूमने जाएँ और हर सप्ताह एक ही समय पारंपरिक पारिवारिक भोजन की योजना बनाएँ।

सामाजिक जीवन : लोगों के किसी ऐसे समूह या पुराने मित्र के बारे में सोचें, जिससे आप मिलना चाहेंगे या जिससे आप कुछ समय से नहीं मिले हैं। देखें कि क्या आप किसी डिनर पार्टी, फ़िल्म या सांस्कृतिक कार्यक्रम, लंच या कॉफ़ी के समय में मिलने के लिए थोड़ा समय निकाल सकते हैं।

आप खुद : क्या कोई ऐसी चीज़ है, जिसे करने में आपको मज़ा आता है, लेकिन उसे आपने कुछ समय से नहीं किया है? यह गोल्फ़ हो सकता है, शिल्पकला या शौक़ हो सकता है, जैज़ सुनना या काजुन पकाना हो सकता है। खुद के लिए कुछ करने से आपको अपने जीवन में संतुलन का बेहतर अहसास होगा। खुद को हर दिन कम से कम तीस मिनट के ख़ाली समय का पुरस्कार दें और बस धीमे हो जाएँ।

समाज : यह दोहराने लायक़ है : समाज को लौटाना या देना हमारे जीवन में संतुलन लाने का अचूक तरीक़ा है। इससे हमें देने, कृतज्ञता और निःस्वार्थता का एक प्रबल अहसास होता है। वह कौन सा एक उपहार है, जो हम समाज को दे सकते हैं? हमें पहलेपहल बहुत ज़्यादा समय लगाने की ज़रूरत नहीं होती। हम छोटी शुरुआत कर सकते हैं और सामाजिक उद्देश्य के अहसास को धीरे-धीरे बढ़ा सकते हैं। इससे हमें करुणा, धैर्य और दूसरों के प्रति सहनशीलता विकसित करने में मदद मिलती है। अगर हमारे पास ख़ाली समय है, तो यह सार्थक हो जाता है। अगर हमें किसी क्षेत्र में ज़्यादा मिला है, तो हमें शायद उसे वापस लौटाने का अवसर भी मिलता है।

आध्यात्मिकता : कई बार हम आध्यात्मिक रूप से बहुत जुड़े हुए महसूस करते हैं और कई बार हम यह भावना खो देते हैं। वह कौन सा एक संकल्प है, जो हम अपने आध्यात्मिक जीवन में ज़्यादा संतुलन हासिल करने के लिए ले सकते हैं? आराधना, ध्यान, प्रार्थना, समूह भेंट, रिट्रीट या अध्ययन पर विचार करें। अपने आध्यात्मिक जीवन को जीवंत करने के कई तरीक़े हैं। सकारात्मक मानसिक नज़रिया क़ायम रखने की कोशिश करें, अप्रत्याशित की उम्मीद करें और जीवन के अनुभवों पर हँसना सीखें।

प्रेम के बाद संतुलन ही सबसे महत्त्वपूर्ण चीज़ है।
—जॉन वुडन

यथार्थवादी बनें

संतुलन का मतलब यह नहीं है कि हम अपने जीवन के हर क्षेत्र में समान समय देने लगें। संतुलन हमारे जीवन में यथार्थवाद या सहज बोध के रूप में प्रकट होता है। मिसाल के तौर पर, अगर हमने अभी-अभी किसी सामुदायिक

बोर्ड में सेवा देने की अवधि पूरी की है, तो यह सामुदायिक सक्रियता के लिए पर्याप्त हो सकता है। यदि हम काम के मामले में थोड़े पिछड़ रहे हैं, तो शायद हमें तब तक वर्काहोलिक बन जाना चाहिए, जब तक कि हम बराबरी पर नहीं पहुँच जाएँ। समय के साथ-साथ संतुलन का हमारा अहसास भी बदलता रहता है। बहुत से अंदरूनी और बाहरी घटक इस बात को प्रभावित कर सकते हैं कि हम जीवन के विभिन्न घटकों में लगाई जा रही ऊर्जा और समय के मामले में इस समय कितने संतुष्ट हैं।

सारे समय इनमें से हर क्षेत्र में आदर्श संतुलन हासिल करना असंभव है। इसकी कोशिश करने से भी आप... असंतुलित हो जाएँगे।

5

महान जीवन तनाव और
चिंता को कम करता है

चिंता मुश्किलों का चुकाया गया वह ब्याज है, जिसे आप तय तारीख़ से पहले चुकाते हैं।

—विलियम इंगे

तनाव शब्द इन दिनों बहुत परिचित हो गया है। कुछ जगहों पर तो इसे सम्मान के प्रतीक के रूप में धारण किया जाता है। बहुत से लोग कहते फिरते हैं, "मेरे पास इतना ज़्यादा काम पड़ा है कि मैं बहुत तनावग्रस्त हूँ।" ऐसे लोग यह उम्मीद करते हैं कि दूसरे इस बात से प्रभावित होंगे कि उन्हें कितनी सारी ज़िम्मेदारी सौंपी जाती है। हम कई बार सोचते हैं कि तनाव के बारे में शिकायत करने से हम महत्त्वपूर्ण नज़र आते हैं, जबकि हम दरअसल अपने महत्त्व की डींगें हाँकने वाले नज़र आते हैं। तनाव दरअसल बहुत उत्पादक या उपयोगी नहीं होता है। खिलाड़ी प्रदर्शन से पहले मालिश क्यों कराते हैं? ताकि वे तनावग्रस्त रह सकें? नहीं। वास्तव में, शोध से पता चला है कि तनावग्रस्त के बजाय तनावरहित मांसपेशियाँ खेल के मैदान में ज़्यादा *शक्तिशाली* होती हैं।

तनाव की जाँचसूची

तनाव मापने के कई तरीक़े हैं। एक तरीक़ा यह है। इन कथनों पर विचार करते समय हम खुद को एक से पाँच के पैमाने पर अंक देंगे :

1. जब तनावपूर्ण, चिंताजनक स्थितियाँ आती हैं, तो मेरी मानसिकता आम तौर पर संतुलित रहती है।

2. दूसरे मेरे बारे में यह मानते हैं कि मैं तनाव को सही तरह से सँभालने में सक्षम हूँ।

3. मैं तनावपूर्ण स्थितियों पर विचार केंद्रित नहीं रखता हूँ।

4. जब मैं तनाव में होता हूँ, तो अवकाश या विश्राम लेता हूँ।

5. मैं बुरी ख़बर पर अति प्रतिक्रिया नहीं करता हूँ।

6. मैं तनाव में रहूँ या ना रहूँ, मैं लोगों के साथ एक जैसा व्यवहार करता हूँ।

7. मैं तनाव दूर करने के लिए शारीरिक गतिविधियों में संलग्न हो जाता हूँ।

8. मैं दूसरों से और खुद से यथार्थवादी अपेक्षाएँ करता हूँ।

9. मैं ज़रूरत पड़ने पर मदद माँगता हूँ।

10. मैं ज़्यादातर रातों को आठ घंटे की नींद लेता हूँ।

11. तनावपूर्ण परिस्थितियों में भी मैं अपना हास्य बोध क़ायम रखता हूँ।

12. मेरे पास कुछ मित्र और सहकर्मी हैं, जिन पर मैं भरोसा कर सकता हूँ और जिनके साथ मैं ईमानदार हो सकता हूँ।

13. मैं समय-समय पर खुद को धीमा होने की याद दिलाता हूँ।

14. मैं गहरी साँस लेने, योग करने या ध्यान लगाने जैसी तनावरहित होने की तकनीकों का अभ्यास करता हूँ।

15. मैं अपनी कमज़ोरियों पर नहीं, शक्तियों पर ध्यान केंद्रित करता हूँ।

इस सूची में कई सुराग़ दिए गए हैं, ना सिर्फ़ तनाव को पहचानने और तनावरहित व्यवहार का अभ्यास करने के बारे में, बल्कि कुछ ऐसी आदतों

के बारे में भी, जो अक्सर जल्दी ही और नाटकीय तरीक़े से हमें इक्कीसवीं सदी के इस विनाशकारी रोग से मुक्ति दिलाती हैं।

भिन्न दृष्टिकोण चुनें

कोई स्थिति तनावपूर्ण तब होती है, जब यह अपने आप हमारे विचारों पर ज़्यादा से ज़्यादा हावी हो जाती है। तनाव में हम ज़्यादा चिड़चिड़े, कम सहयोगी और दूसरों से दूर हो जाते हैं। हम आसानी से तनावरहित हो सकते हैं या नहीं, यह तय करने के लिए इस सवाल का जवाब अहम होता है : दरअसल इस समस्या पर हमारा कितना नियंत्रण है? अक्सर हम समझदारी से इस नतीजे पर पहुँच सकते हैं कि इस पर हमारा कोई नियंत्रण नहीं है। इसके बाद हम इसे इसके हाल पर छोड़ सकते हैं।

हम सभी को यह अनुभव हुआ होगा कि हम किसी स्थिति के बारे में किसी दिन बहुत तनावग्रस्त और चिंतित रहते हैं, लेकिन एक-दो दिन बाद ज़्यादा शांत और ज़्यादा सकारात्मक महसूस करने लगते हैं। अगर हम यह मान लें कि स्थिति में कोई बदलाव नहीं हुआ है, तो फिर जो एकमात्र चीज़ बदली है, वह है हमारा दृष्टिकोण। यह नहीं भूलें कि तनाव संबंधी दृष्टिकोण को तय करने वाले घटक हमारे नियंत्रण के भीतर भी होते हैं और बाहर भी।

शांत लोग क्या करते हैं

तनाव पर मेयो क्लीनिक द्वारा किए गए एक अध्ययन में यह पाया गया कि लचीले लोग :

*   हँसी-मज़ाक़ का इस्तेमाल करते हैं
*   जूझने के लिए अपने अनुभव का इस्तेमाल करते हैं
*   आशावादी दृष्टिकोण बनाए रखते हैं
*   परिवर्तन को समझते और स्वीकार करते हैं
*   लक्ष्य बनाते हैं और उन्हें हासिल करने के लिए काम करते हैं
*   आत्म-परीक्षण करते हैं
*   आत्म-गौरव का अपना अहसास बनाए रखते हैं

डेल कारनेगी सलाह देते हैं कि थकान के साथ अक्सर चिंता आ धमकती है, जिसे रोकने के लिए हमें अपनी ऊर्जा और उत्साह के स्तर को ऊँचा रखना चाहिए। उनका सुझाव है कि थकने से पहले आराम करें, काम करते समय भी तनावरहित होना सीखें, अपने काम के बारे में उत्साही बनें और अनिद्रा की चिंता नहीं करें। चिंता और तनाव को रोकने वाली अच्छी कामकाजी आदतें ये हैं :

- तात्कालिक समस्याओं से संबंधित काग़ज़ों को छोड़कर अपनी डेस्क से सारे काग़ज़ हटा दें।

- चीज़ों को उनके महत्त्व के क्रम में करें।

- समस्या सामने आते ही सुलझा लें, अगर हमारे पास निर्णय लेने के लिए आवश्यक तथ्य हों।

- व्यवस्थित करें, काम सौंपें और पर्यवेक्षण करना सीखें।

थकान हम सभी को डरपोक बना देती है।
—विन्स लॉम्बार्डी

तनाव पर सवाल करना

तनाव को सही परिप्रेक्ष्य में रखने के लिए एक मूल्यांकन करें। यह तय करें कि वर्तमान जीवन में कितनी तनावपूर्ण परिस्थितियाँ हमारे नियंत्रण के सचमुच बाहर हैं और इसलिए उनकी चिंता करने में कोई तुक नहीं है। एशिया के जिस गृहयुद्ध को संयुक्त राष्ट्र भी नियंत्रित नहीं कर सकता, क्या उसे ख़त्म करने की कोशिश करना इस लायक़ है कि आप अपनी शांति नष्ट कर लें? या फिर अपने दम पर राष्ट्रीय ऋण में कमी करने की कोशिश? या फिर नाटक करने पर आमादा किशोर को बदलने की कोशिश?

हम जिसे नियंत्रित नहीं कर सकते, उसके बारे में लगातार नहीं सोचें, क्योंकि इससे हम खुद को निराशा के दृष्टिकोण में क़ैद कर लेते हैं। इससे कहीं ज़्यादा उपयोगी उन स्थितियों पर ध्यान केंद्रित करना है, जिन पर हमारा थोड़ा-बहुत नियंत्रण या प्रभाव है। अगर हम परिवार के किसी सदस्य के

व्यक्तित्व या जीवनशैली को नहीं बदल सकते, तो हम कम से कम अपनी प्रतिक्रियाओं को तो बदल सकते हैं।

कामकाजी तनाव के स्रोत

कामकाज में हर दिन हमारी ओर इतने सारे कामकाजी तनाव आते हैं कि उनसे जूझना हममें से ज़्यादातर लोगों को चुनौतीपूर्ण लगता है। हम ढेर सारे कामों, ज़िम्मेदारियों और दूसरों की अपेक्षाओं के बोझ को भरसक उठाने की कोशिश करते हैं। हम व्यवस्थापन, अनुशासन और लचीलेपन का सहारा लेकर ऐसा कर पाते हैं। हम अच्छी कामकाजी आदतें और सतत प्रदर्शन क़ायम रखने की कोशिश करते हैं, लेकिन इसके बावजूद हम कामकाज संबंधी तनाव का दबाव महसूस करते हैं, जिसमें ये चीज़ें शामिल होती हैं :

- डेडलाइन
- संकट
- परिवार, बच्चों, ग्राहकों, वेंडरों या कर्मचारियों की माँगें
- पुनर्गठन/स्थान परिवर्तन
- प्रमोशन, दूसरी जगह जाकर रहना या तबादला

पहले हम अपनी आदतें बनाते हैं, और इसके बाद हमारी आदतें हमें बनाती हैं।

—जॉन ड्राइडन

कामकाज की नई आदतों से तनाव कम करना

"काम" हमेशा ऑफ़िस में ही नहीं किया जाता है। हम अपने घर पर, बगीचे में, गैराज में, शिशु पालन में, किचन में दिन भर काम करते हैं। इन सभी क्षेत्रों में हम अक्सर पुरानी, दकियानूसी आदतों का इस्तेमाल करते हैं।

हम इन आदतों को बदल सकते हैं। इससे हमारा बहुत सारा तनाव कम हो जाएगा और बेहतरीन जीवन की संभावनाएँ बढ़ जाएँगी। समय के साथ कोई भी अनुपयोगी आदतों में फिसल सकता है। हम अकार्यकुशल या

अव्यवस्थित दिनचर्याओं में भटक जाते हैं या कामकाजी नज़रियों में क्षय का अनुभव करते हैं। अक्सर हम अनुपयोगी कामकाजी आदतें डाल लेते हैं, लेकिन हमें इस बात का अहसास ही नहीं होता। समय के साथ ये कामकाजी आदतें आरामदेह लगने लगती हैं और इन्हें छोड़ना मुश्किल साबित होता है।

अपनी अकार्यकुशलताओं को पहचानकर और नई कामकाजी आदतों को अपनाकर हम अपने कामकाज में ज़्यादा उत्पादक और कम तनावपूर्ण बन सकते हैं। जब हम अपने समय, अपनी व्यवस्थापन योग्यताओं और अपने नज़रियों के प्रबंधन पर ज़्यादा नियंत्रण हासिल करेंगे, तो हमें उपलब्धि का ज़्यादा बड़ा अहसास होगा।

कामकाजी आदतों का स्व-आकलन

1 से 5 के पैमाने पर खुद को नंबर दें। 1 का मतलब है कि यह आपके बारे में बहुत सही नहीं है; 5 का मतलब है कि यह पूरी तरह सही है।

1. मैं अपने समय का अच्छा प्रबंधन करता हूँ।   1 2 3 4 5

2. काम पूरा करने की मेरी सुनियोजित,   1 2 3 4 5
    व्यवस्थित नीति है।

3. मैं डेडलाइन के बाद नहीं, बल्कि उसके   1 2 3 4 5
    पहले काम पूरा करता हूँ।

4. अपने काम के प्रबंधन में मैं टीम-केंद्रित   1 2 3 4 5
    नीति पर चलता हूँ।

5. मेरे काम करने की जगह साफ़-सुथरी   1 2 3 4 5
    और व्यवस्थित है।

6. मैं दैनिक, साप्ताहिक, और/या मासिक योजना   1 2 3 4 5
    के हिसाब से काम करता हूँ।

7. मेरे पास काम का जो बोझ है, उसके प्रबंधन में मैं   1 2 3 4 5
    दूसरों को शामिल करके उनकी मदद लेता हूँ।

8. मैं कामकाज का सटीक और सुगम रिकॉर्ड   1 2 3 4 5
    संधारित करता हूँ।

9. मैं ज़रूरत की फ़ाइलें और कामकाजी सामान   1 2 3 4 5
    आसानी से खोज सकता हूँ।

10. मैं ऑफ़िस छोड़ने से पहले अपने काम करने की   1 2 3 4 5
    जगह और सामान को व्यवस्थित करता हूँ।

11. मैं ध्यान भटकाने वाली स्थितियों में भी अपने   1 2 3 4 5
    काम पर ध्यान केंद्रित रखने में सक्षम हूँ।

12. मैं सुनियोजित रूप से समस्या सुलझाने की   1 2 3 4 5
    नीति अपनाता हूँ।

13. मैं समय-समय पर खुद को धीमा करता हूँ।   1 2 3 4 5

14. मैं "वर्तमान समय" में बना रहता हूँ और अतीत या   1 2 3 4 5
    भविष्य की चिंता नहीं पालता।

15. मुझे आलोचना से कोई फ़र्क़ नहीं पड़ता।   1 2 3 4 5

अकार्यकुशल कामकाजी आदतें, जो हमारा तनाव बढ़ाती हैं

सतत तनावपूर्ण स्थितियों को सँभालना चुनौतीपूर्ण होता है, लेकिन हम अक्सर अपनी खुद की ख़राब आदतों की वजह से ऑफ़िस के तनाव को बढ़ा लेते हैं। कई बार ये आदतें बिना इरादे के समय के साथ पड़ जाती हैं। हो सकता है कि हमें यह पता ही नहीं हो कि हमारे कामकाज की आदतें हमारे प्रदर्शन और हमारे नज़रिये को कैसे प्रभावित करती हैं। ऑफ़िस के हमारे तनाव को बढ़ाने वाली कुछ बुरी आदतों में ये शामिल हैं :

- बेतरतीबी
- हमेशा लेटलतीफ़ी
- टालमटोल
- काम पूरा करने की कमी
- द्वेष पालना
- परिवर्तन का प्रतिरोध करना

अपनी कामकाजी आदतों को बदलने और तनाव को कम करने के संदर्भ में हमारे पास अवसर के तीन क्षेत्र होते हैं। अवसर का पहला क्षेत्र है हमारे समय का इस्तेमाल। दूसरा है, अपने कामकाज को व्यवस्थित करने की हमारी योग्यता। तीसरा अवसर है अपने नज़रिये पर नियंत्रण। हर क्षेत्र में अपनी वर्तमान कामकाजी आदतों की जाँच करें, क्योंकि इससे हमें हर क्षेत्र में अपनी योग्यता बेहतर बनाने की बुनियाद मिलती है और हम पुरानी आदतों की जगह पर नई, ज़्यादा उपयोगी आदतें डाल सकते हैं।

> *किसी इंसान के जीवन का दूसरा हिस्सा उन आदतों से बनता है, जो उसने पहले हिस्से में डाली हैं।*
>
> *—फ़्योदोर दोस्तोयवस्की*

तनाव कम करने के लिए समय प्रबंधन

ऑफ़िस के तनाव को कम करने वाली एक अत्यंत महत्त्वपूर्ण आदत यह है कि हम समय का कितना उपयोगी या अनुपयोगी इस्तेमाल करते हैं। इन सकारात्मक कामकाजी आदतों से अपनी आदतों की तुलना करके देखें।

जल्दी पहुँचना

जल्दी पहुँचने से कभी कोई नुक़सान नहीं होता। इससे हमें विचार करने और तैयार होने के लिए अतिरिक्त समय मिल जाता है। फलस्वरूप हम हर स्थिति में बेहतर काम करेंगे और हमें बेहतर परिणाम मिलेंगे। यह कामकाजी आदत हर दृष्टि से तनाव कम करती है।

डेली प्लानर रखना

चाहे यह सॉफ़्टवेयर हो या सादा काग़ज़, हमें एक डेली प्लानर की ज़रूरत होती है, ताकि हम दिन के सारे काम सही से कर लें। योजना बनाने में आप जो समय लगाते हैं, उससे काम में लगने वाला समय कम होता है। अच्छी दैनिक योजना तनाव कम करने का मुख्य साधन है।

मौजूद रहना

बहुत बार हम लोगों से मिलते हैं या उनसे बातचीत करते हैं, लेकिन हमारा मन किसी दूसरी ही चीज़ में अटका होता है। हम शरीर से तो वहाँ मौजूद रहते हैं, लेकिन मानसिक रूप से एक बिलकुल ही अलग जगह पर रहते हैं। यक़ीन मानें या नहीं मानें, इस बेध्यानी या मौजूदगी के अभाव से हमारा तनाव बढ़ सकता है।

टालमटोल से बचना

हर व्यक्ति अलग-अलग तरीक़े से प्रेरित होता है। कामकाजी समस्याओं को टालने के बजाय उनसे जूझने के लिए हमें यह खोजना चाहिए कि हमें कौन सी चीज़ प्रेरित करती है और ऊर्जा देती है। कामकाज की मात्रा और प्रोजेक्ट की पूर्णता की नियमित दिनचर्या के प्रति निष्ठावान रहें।

प्राथमिकताएँ तय करना

शाम को या शुक्रवार को हमें यह महसूस नहीं होना चाहिए कि हम ज़्यादातर महत्त्वपूर्ण काम पूरे नहीं कर पाए। यह महसूस नहीं करें कि हमारे काम का बोझ लगातार बढ़ता जा रहा है। इसके बजाय प्राथमिकताएँ तय करने और उन पर केंद्रित रहने से तनाव कम होता है।

अपने निजी समय की रक्षा करना

ऑफ़िस का काम घर लाना या ऑफ़िस में देर तक रुकने जैसी चिंता बढ़ाने वाली कुछ कामकाजी आदतों से बहुत ज़्यादा थकान महसूस होती है, हालाँकि हमें इस बात का अहसास नहीं होता। ऑफ़िस के मामले कई बार हमारे निजी समय में हस्तक्षेप कर देते हैं, जिससे बचना संभव नहीं है, लेकिन इसकी आदत नहीं डालें। वरना हम यह महसूस करने लगेंगे कि ऑफ़िस के बाहर हमारा कोई जीवन ही नहीं है।

व्यवस्थापन से तनाव कम करना

कामकाजी तनाव कम करने का दूसरा अति महत्त्वपूर्ण क्षेत्र है व्यवस्थित रहने की हमारी योग्यता। अपने काम को व्यवस्थित करने में हम इनमें से किन उपयोगी कामकाजी आदतों का इस्तेमाल करते हैं?

अपनी नीति को सरल रखना

जो करने की ज़रूरत है, उसके प्रति अपनी नीति को सरल बनाने के लिए हम क्या शुरू कर सकते हैं, क्या करना छोड़ सकते हैं या क्या अलग तरीक़े से कर सकते हैं? हममें से कई अपनी ज़िम्मेदारियों को ज़रूरत से ज़्यादा जटिल बना लेते हैं, इसलिए अपनी नीति को ज़्यादा सरल बनाने से हमें फ़ायदा होगा।

अनावश्यक गतिविधियों को छोड़ना

अपने दिन और सप्ताह की हर गतिविधि की सूची बनाएँ – कार चलाने से लेकर बैठकों में बैठने तक। कौन सी गतिविधियाँ ज़रूरी नहीं हैं और छोड़ी जा सकती हैं? एक सप्ताह या एक महीने तक उन गतिविधियों को छोड़कर देखें और इस दौरान उत्पादकता के परिणामों में परिवर्तन की निगरानी करें।

चीज़ों को लिखना

क्या हमारे पास एक नोटबुक या प्लानर है, जिसमें हम मन के विचार तुरंत लिख लेते हैं, वादे करते ही उन्हें लिख लेते हैं या अन्य महत्त्वपूर्ण बातें लिखते हैं? अगर हमें यह तसल्ली रहे कि हमने महत्त्वपूर्ण जानकारी लिख ली है और हम बाद में ज़रूरत पड़ने पर उसका संदर्भ देख सकते हैं, तो हम कम तनावग्रस्त महसूस करेंगे।

एजेंडा बनाना और उस पर अमल करना

कामकाज में बेतरतीबी का एक आम क्षेत्र बैठकों का संचालन है, चाहे यह बैठक किसी एक व्यक्ति के साथ हो या ज़्यादा बड़े समूह के साथ हो। ख़ास तौर पर समय से पहले भेजे जाने वाले एजेंडा से बैठक ज़्यादा व्यवस्थित और उपयोगी बनती है। इससे प्रतिभागी ज़्यादा आरामदेह और आत्मविश्वासी महसूस करते हैं।

नया काम शुरू करने से पहले पुराने काम को पूरा करना

अत्यधिक मल्टी–टास्किंग बेतरतीबी का एक बड़ा स्रोत है। यदि हम कोई काम पूरा होने तक किसी ख़ास काम पर केंद्रित बने रहें, तो हम इसे कम समय में पूरा कर लेंगे और हम कहीं ज़्यादा व्यवस्थित रहेंगे। मल्टी–टास्किंग पर हम बाद में विस्तार से बात करेंगे।

तनाव कम करने के लिए नज़रिये का नियंत्रण

नज़रिये का नियंत्रण नई तनावरहित आदतें डालने का हमारा तीसरा अवसर है। जब हम हाथ के कामों के प्रति अपने नज़रिये पर क़ाबू कर लेते हैं, तो हमारी उत्पादकता का हर पहलू बेहतर हो जाता है। इनमें से कितनी आदतें हमारी कामकाजी आदतों में शामिल हैं?

दूसरों से जुड़ना और उनके नाम का इस्तेमाल करना

हम आसानी से इतने आत्मकेंद्रित बन सकते हैं कि दूसरों को ग़ैर समझने लगें। इससे अकेलेपन और तनाव की भावना बढ़ सकती है। तनाव कम करने के लिए बेहतर नीति यह होती है कि हम खुद से बाहर निकलें, दूसरों का अभिवादन करें, उनके नाम पता करें और बातचीत में उनके नाम का इस्तेमाल करें। शायद इस प्रक्रिया में आप दोस्त भी बना लेंगे।

चीज़ों को जाने देना

दिन में कभी-कभार ऐसा भी समय आता है, जब हमें यह अहसास होता है कि तनावरहित होकर यह स्वीकार करना बेहतर है कि हर चीज़ हर बार आदर्श तरीक़े से नहीं होगी। जब हम किसी स्थिति में बहुत ज़्यादा तनाव महसूस कर रहे हों, तो हम खुद से पूछ सकते हैं, "क्या यह ऐसा समय है, जहाँ मुझे इसे इसके हाल पर छोड़ देना चाहिए?"

बागडोर थामना

जब हम किसी चीज़ को पूरा करने के लिए स्थिति की कमान सँभालते हैं, तो हमारा नज़रिया बेहतर होता है। हम कम से कम स्वयं के कामकाजी बोझ, संबंधों और नज़रिये की बागडोर तो थाम ही सकते हैं। जब भी हम बागडोर थामने के बारे में झिझकते हैं या टालमटोल करते हैं, तो हम दरअसल अपनी ऊर्जा कम कर रहे हैं और अपने काम को ज़रूरत से ज़्यादा तनावपूर्ण बना रहे हैं।

शांत रहना

दस तक गिनती गिनना, गहरी साँसें लेना, टहलने जाना या ध्यान लगाना – तनाव दूर करने का तरीक़ा इनमें से कोई भी हो, हमें सलाह दी जाती है कि हम शांत रहने पर ध्यान केंद्रित करें, अति प्रतिक्रिया से बचें, चिल्लाचोट

नहीं करें या आवेग में काम नहीं करें, क्योंकि इन चीज़ों से हमारे तनाव का स्तर बढ़ता है।

दूसरों के अनूठेपन को महत्त्व देना

हालाँकि कई बार हमें लगता है कि हर व्यक्ति को हमारे जैसा होना चाहिए, लेकिन यह सही नहीं है। इससे जीवन बहुत नीरस हो जाएगा। पृष्ठभूमि, दृष्टिकोण और कार्यशैली के फ़र्क़ से ही जीवन ज़्यादा रोचक और जोशीला बनता है। दूसरों की अनूठी शक्तियों को महत्त्व दें।

6

बेहतरीन जीवन में बर्नआउट की जगह नहीं होती

बर्नआउट ऑफ़िस तक ही सीमित नहीं है। यह हर जगह होता है। वैसे एक-दो बुरे दिन बर्नआउट की श्रेणी में नहीं आते हैं।

हममें से ज़्यादातर लोगों के जीवन में ऐसे दिन भी आते हैं, जब हम काम का बहुत बोझ महसूस करते हैं, बोर होते हैं या हमें लगता है कि कोई भी हमारी क़द्र नहीं करता है। पुरस्कार मिलने की बात तो रहने ही दें, ऐसे दिनों में कोई इस बात पर ग़ौर भी नहीं करता है कि हम अपनी तमाम ज़िम्मेदारियाँ कितनी अच्छी तरह निभा रहे हैं। कई बार तो ख़ुद को ऑफ़िस तक घसीटकर ले जाने में अति मानवीय संकल्प की ज़रूरत होती है।

लेकिन ऑफ़िस का बर्नआउट कामकाज में बहुत तनावग्रस्त होना ही नहीं है। बर्नआउट निरंतर तनाव का परिणाम ज़रूर होता है, लेकिन इसका मतलब बहुत ज़्यादा तनाव नहीं है। जब हम तनावग्रस्त होते हैं, तो हम बहुत ज़्यादा चिंता करते हैं, लेकिन जब हम बर्नआउट के शिकार होते हैं, तो हमें बेहतरी की कोई उम्मीद ही नज़र नहीं आती है। हम उस बिंदु तक पहुँचना नहीं चाहते हैं।

मेरी मोमबत्ती दोनों सिरों पर जलती है। यह रात भी पूरी नहीं कर पाएगी।

—एडना सेंट विन्सेंट मिले

53

तनाव बनाम बर्नआउट

तनाव में *बहुत ज़्यादा* का पुट होता है : बहुत ज़्यादा दबाव, जो शारीरिक और मनोवैज्ञानिक रूप से बहुत ज़्यादा माँग करता है। तनावग्रस्त होने पर हम यह सोचते हैं कि अगर हम हर चीज़ को अपने नियंत्रण में ले लें, तो हम बेहतर महसूस करेंगे। दूसरी तरफ़, बर्नआउट में *अपर्याप्तता* का पुट होता है। बर्नआउट का मतलब है ख़ाली महसूस करना, प्रेरणा की कमी। इसमें बेपरवाही का भाव होता है। बर्नआउट का अनुभव करने वाले लोगों को प्रायः अपनी परिस्थितियों में सकारात्मक परिवर्तन की कोई उम्मीद ही नज़र नहीं आती है। यदि अत्यधिक तनाव ज़िम्मेदारियों में डूबने जैसा है, तो बर्नआउट पूरा सूखने जैसा है।

तनाव	बर्नआउट
अति-संलग्नता इसकी पहचान है	असंलग्नता इसकी पहचान है
भावनाएँ अति प्रतिक्रियाशील होती हैं	भावनाएँ कुंद होती हैं
तात्कालिकता और अति गतिविधि उत्पन्न करता है	असहायता और निराशा उत्पन्न करता है
ऊर्जा की कमी	प्रेरणा, आदर्शों और आशा की कमी
विषाद के विकारों की ओर ले जा सकता है	तटस्थता और डिप्रेशन की ओर ले जा सकता है
बुनियादी क्षति शारीरिक होती है	बुनियादी क्षति भावनात्मक होती है
असमय हमारी जान ले सकता है	इसमें जीवन जीने लायक़ नहीं लगता है

बर्नआउट रोकने के क़दम

नौकरी के बर्नआउट से मुक्त होने का सबसे प्रभावी तरीक़ा यह है कि आप जो कर रहे हों, उसे छोड़ दें और कोई दूसरी चीज़ करने लगें, चाहे इसका मतलब ऑफ़िस में कामकाज बदलना हो या करियर बदलना ही क्यों ना

हो। हममें से ज़्यादातर के लिए यह एक अतिवादी क़दम है। यह कोई ऐसा विकल्प नहीं है, जिसे हम चुन सकते हैं या चुनेंगे। ज़्यादा समझदारी इस बात में है कि हम अपने तनाव और अति बोझ के स्तर के बारे में जागरूक बनें, जो बर्नआउट की ओर बढ़ रहा है, ताकि हम प्रतिबंधात्मक कार्यवाही कर सकें।

याद रखें, ये चेतावनियाँ उन लोगों के लिए और भी ज़्यादा प्रासंगिक हो सकती हैं, जो स्व-रोज़गार में हैं और जिन्हें यह महसूस होता है कि दरअसल खुद को धकेलने से ही सर्वश्रेष्ठ परिणाम मिलेंगे!

बर्नआउट की रोकथाम के कुछ क़दम ये हैं :

नौकरी की अपेक्षाएँ स्पष्ट करें। अपनी नौकरी के कर्तव्यों और ज़िम्मेदारियों के वर्णन को अद्यतन करें। इससे पहले के विचार-विमर्श के दौरान आप यह बता सकेंगे कि आपसे जो चीज़ें करने की उम्मीद की जाती है, वे आपके कार्य वर्णन का हिस्सा नहीं हैं। इससे आप यह दिखाने की लाभप्रद स्थिति में आ जाते हैं कि आप अपनी नौकरी के मापदंडों के ऊपर काम कर रहे हैं।

परिवर्तन का आग्रह करें। यदि आप नौकरी के बर्नआउट का अनुभव कर रहे हैं और आपकी कंपनी पर्याप्त बड़ी है, तो आप किसी दूसरी जगह, ऑफ़िस या विभाग में जाकर काम कर सकते हैं। सिर्फ़ जगह बदलने से ही नया दृष्टिकोण मिल सकता है।

अलग ज़िम्मेदारियाँ माँगें। अगर आप लंबे समय से एक ही काम करते आ रहे हैं, तो अगर यह नौकरी से संबंधित नहीं है, तो आप अपने स्तर पर या फिर अधिकारियों से किसी नई चीज़ को आज़माने का आग्रह कर सकते हैं : बिक्री का दूसरा इलाक़ा, अलग प्रोजेक्ट, अलग भूमिका।

अवकाश लें। छुट्टियाँ मनाने जाएँ। बीमारी की छुट्टियाँ लें और अंशकालीन अवकाश लें। खुद को स्थिति से दूर हटाने के लिए कुछ करें। काम के अलावा "खुद के लिए समय" तय करें। हालाँकि समर्पित कर्मचारी होना प्रशंसनीय बात है, लेकिन अपने कामकाज का बँधुआ मज़दूर बनने से आप लंबे समय में थक जाएँगे। अगर काम ही आपका जीवन है और आपका जीवन ही काम है, तो बर्नआउट अवश्यंभावी है। काम से कब अवकाश लेना

है, इसे पहचानें। हर सप्ताह काम से परे नियमित समय तय करें। अच्छा तो यह रहेगा कि आप यह समय किसी व्यक्तिगत शौक़ या जोश में लगाएँ, जो आपके दिमाग़ के कोहरे को साफ़ कर दे। मछली पकड़ना, बुनाई करना, जिम में व्यायाम करना, पढ़ना, पेंटिंग करना और बगीचे में काम करना बस कुछ तरीक़े हैं, जिनसे लोग काम के बाहर आनंद लेते हैं। काम से दूर बिताए गए समय का इस्तेमाल करके हम अपनी बैटरियों को रिचार्ज कर सकते हैं और सही परिप्रेक्ष्य हासिल कर सकते हैं।

नियमित ब्रेक लें। ऑफ़िस में मानसिक स्वास्थ्य लगातार ज़्यादा महत्त्वपूर्ण होता जा रहा है। नियोक्ता इस बात को पहचानने लगे हैं कि मानसिक चपलता बरक़रार रखने के लिए उनके कर्मचारियों को अक्सर ब्रेक लेने की ज़रूरत होती है। यदि आप नियोक्ता हैं, तो अपने कर्मचारियों को सुबह पंद्रह मिनट का ब्रेक दें, लंच में 30 से 60 मिनट की छुट्टी दें (यह ब्रेक ऑफ़िस के बाहर लेने की सलाह दी जाती है) और शाम को पंद्रह मिनट का एक अतिरिक्त ब्रेक दें। इससे आप पाएँगे कि आपकी या आपके कर्मचारियों की बैटरी हमेशा पूरी तरह चार्ज रहती है।

एक अनूठा ब्रेक रूम बनाएँ (या उसका सुझाव दें)। पारंपरिक ब्रेक रूम सपाट होते हैं – कॉफ़ी मशीन, वाटर कूलर और आम तौर पर उदास सी जगह। कुछ कंपनियाँ लीक से हटकर ब्रेक रूम को आकर्षक बनाने लगी हैं। कुछ ने तो अपने ब्रेक रूम में टेलीविज़न, गेम टेबल और वीडियो गेम सिस्टम भी लगा दिए हैं। रॉचेस्टर न्यू यॉर्क के एक हॉस्पिटल के ब्रेक रूम में तो निन्टेंडो लगा है। कर्मचारी अगर निश्चित समय तक काम से अवकाश लेकर मज़े लेते हैं, तो इससे नौकरी के बर्नआउट की रोकथाम में बहुत मदद मिलेगी। यदि आप कर्मचारी हैं, तो अपनी कंपनी में भी ऐसे ही आकर्षक ब्रेक रूम बनाने का सुझाव दें।

जीवन और कामकाज को संतुलित करें। कामकाज आपके जीवन का समूचा केंद्रबिंदु नहीं होना चाहिए – ख़ास तौर पर अगर आप सुखद घरेलू जीवन को क़ायम रखना चाहते हैं। चाहे आप स्वतंत्र रहते हों, पत्नी के साथ रहते हों या पूरे परिवार – बच्चों आदि – के साथ रहते हों, आपको कामकाज और घर के बीच अपने समय के प्रभावी प्रबंधन की ज़रूरत है। जब ऑफ़िस से निकलने का समय हो, तो ऑफ़िस से निकल जाएँ। अपने

परिवार के पास घर लौटें। अपने जीवनसाथी या मित्रों के साथ फ़िल्म देखने जाएँ। अपने निजी जीवन के प्रति भी उतना ही समय और ध्यान दें, जितना आप अपने कामकाजी जीवन पर देते हैं। वरना आप घर पर समस्याओं और कुंठाओं को विकसित होते देखेंगे, जिनका आपके कामकाजी जीवन पर असर होगा और जिनकी वजह से आप बर्नआउट महसूस करेंगे।

स्वस्थ जीवनशैली क़ायम रखें। उचित आहार लें, व्यायाम करें, पर्याप्त नींद लें। कार्बोनेटेड व रसायनों से भरे पेय पदार्थ के बजाय पानी पिएँ। इन सभी का आपके व्यवहार पर बहुत असर पड़ सकता है, ऑफ़िस में भी। सप्ताह में तीन दिन तीस-चालीस मिनट व्यायाम के लिए अलग रख दें और अपने आहार के प्रबंधन में थोड़ी ज़्यादा कोशिश करें। ऐसा करने से आपको बहुत से तरीक़ों से लाभ होगा और सकारात्मक जीवनशैली ज़्यादा सकारात्मक कामकाजी अनुभव की ओर ले जाएगी।

अपने "मार्जिन" का पता लगाना

तनाव पर अपनी महत्त्वपूर्ण पुस्तक *मार्जिन : रेस्टोरिंग इमोशनल, फ़िज़िकल, फ़ाइनैंशियल, ऐंड टाइम रिज़र्व्ज़ टु ओवरलोडेड लाइव्ज़* में डॉ. रिचर्ड स्वेन्सन ने लिखा है कि "मार्जिन हमारे बोझ और हमारी सीमाओं के बीच की जगह है।" वे सुझाव देते हैं कि भंडार बढ़ाने के लिए हमें अपने जीवन में मार्जिन बढ़ाने के तरीक़ों की तलाश करनी चाहिए। उनकी अवधारणा यह है कि हमारे जीवन में तनाव तब तक नहीं बढ़ सकता, जब तक कि हम किसी चीज़ को बाहर निकालकर इसके लिए जगह नहीं बना दें।

जिस तरह पुस्तक में सफ़ेद स्थान और मार्जिन की वजह से इसे पढ़ना आसान होता है, उसी तरह हमारे जीवन में मार्जिन हमें परिवर्तन और तनाव के दौरान ज़्यादा लचीला और खुला बनाता है। डेल कारनेगी द्वारा सुझाए अन्य क़दम ये हैं :

"ब्लॉक डे" की शक्ति का दोहन करें

"ब्लॉक डे या आरक्षित दिन" तय करना सोचने और नवीनीकरण करने की जगह बनाने का प्रभावी तरीक़ा है। ब्लॉक डे का इस्तेमाल कामकाजी दिन में एकाग्र रहने या कामकाज से अवकाश लेने के लिए भी किया जा सकता है।

जो लोग अति बोझ के नज़दीक आ रहे हैं, वे अक्सर महसूस करते हैं कि वे कई कारणों से ब्लॉक डे नहीं ले सकते।

इरादतन जगह बनाएँ

जब हम अति बोझ की दिशा में बढ़ रहे हों, तो इससे बचने के लिए हमें आक्रामक रणनीति बनाने की ज़रूरत है। नीचे कुछ विचार दिए गए हैं, जिन्होंने अति बोझ और बर्नआउट से बचने में पेशेवर लोगों की मदद की है।

"नहीं" कहना सीखें। हमारे पास किसी समय में असंख्य विकल्प होते हैं, लेकिन हम ज़्यादातर ऐसी चीज़ें करने का फ़ैसला करते हैं, जो हमारे लिए अर्थपूर्ण नहीं हैं। जीवन की निजी जगहों के चारों ओर एक बाड़ बनाना महत्त्वपूर्ण है। काम की अति से सावधान रहें। कई लोगों को ऑफ़िस में "नहीं" कहने में मुश्किल आती है। इससे आम तौर पर हर बार काम का बोझ बढ़ता जाता है, जब वे एक हाथ यहाँ और दूसरा हाथ वहाँ लगाने के लिए तैयार हो जाते हैं, अतिरिक्त प्रोजेक्ट ले लेते हैं या दूसरी चीज़ें करते रहते हैं। कारोबारी जगत में टीम खिलाड़ी होना महत्त्वपूर्ण होता है; समय-समय पर अपने सहकर्मियों की मदद करना अपने करियर को परवान चढ़ाने का अचूक तरीक़ा है। लेकिन अगर आप सावधान नहीं रहे, तो दूसरे कर्मचारी आपके उदार, मददगार स्वभाव का लाभ लेंगे और आप ज़्यादा कामकाज के तनाव का शिकार हो जाएँगे।

आम तौर पर जीवन को सरल बनाएँ। यह कहा गया है कि हम जिन चीज़ों के स्वामी होते हैं, उनमें से सिर्फ़ बीस प्रतिशत का ही इस्तेमाल करते हैं, लेकिन हमें सौ प्रतिशत चीज़ों का रखरखाव करना होता है।

संतुष्टि की आदत डालें। डेल कारनेगी ने कहा था, "आइए हम अपने मन को शांति, साहस, स्वास्थ्य और आशा के विचारों से भर लें, क्योंकि हमारा जीवन वैसा ही होता है, जैसा हमारे विचार इसे बनाते हैं।"

गति धीमी करें, जल्दबाज़ी छोड़ें। तेज़ होना अच्छा है; ज़्यादा तेज़ होना अच्छा है; ज़रूरत से ज़्यादा तेज़ होना अच्छा नहीं है। जब हम अपनी समयसीमा को ज़्यादा खींचते हैं, तो हम गति को सर्वोच्च प्राथमिकता देते हैं, कामकाज में गुणवत्ता की बलि चढ़ा देते हैं और हम खुद को तथा अपने आस-पास वालों को तनावग्रस्त कर देते हैं।

लोगों में रुचि लें। संबंधों को पोषण दें और परवाह करने वाले मित्रों का नेटवर्क तैयार करें। अध्ययनों ने दर्शाया है कि अच्छे मित्र होना लंबा और स्वस्थ जीवन जीने में एक महत्त्वपूर्ण घटक होता है।

7

बेहतरीन जीवन स्वस्थ शरीर से शुरू होता है

आइए हम अपनी गति सीमा की जाँच करते हैं और... धीमे हो जाते हैं

हमारे आपाधापी से भरे, तेज़ रफ़्तार वाले जीवन में यह सबसे मुश्किल चीज़ हो सकती है। धीमे होने से हम जीवन में ज़्यादा सुरक्षित रहते हैं और समाज चाहे जो कहे, ज़्यादा उत्पादक भी बन जाते हैं। धीमे होने से ग़लतियाँ होने की आशंका कम हो जाती है और आम तौर पर इसके ज़्यादा अच्छे और सफल परिणाम मिलते हैं। सबसे अहम बात, धीमे होने से वह स्वस्थ परिप्रेक्ष्य वापस मिल जाता है, जिसका हमने पहले ज़िक्र किया था, जो तनाव की रोकथाम की कुंजी है।

तनाव प्रबंधन विशेषज्ञ मानते हैं कि धीमे होना तनाव कम करने के लिए सबसे अहम चीज़ है और इस संबंध में वे कुछ सलाहें भी देते हैं। आज के युग में धीमे होना स्वाभाविक नहीं लगता है, ना ही यह हमारी स्वाभाविक प्रवृत्ति होती है। यह तो एक ऐसी योग्यता है, जिसे सीखना होता है। जितना ज़्यादा तनाव हमारी ओर आता है, हमें धीमे होना सीखने की उतनी ही ज़्यादा ज़रूरत होती है।

हममें से कई लोगों को धीमा होना ठीक नहीं लगता है। हमें दिल की गहराई में यह विश्वास होता है कि धीमे होने का मतलब अनुत्पादक होना

60

है। यह विचार ही हमें चिंता में डाल देता है। इसलिए हम खुद को ज़्यादा कठोरता से धकाते रहते हैं और सोचते हैं कि अगर हम बाक़ी हर चीज़ का त्याग करके काम कर रहे हैं, तो हम सही चीज़ कर रहे हैं। बहरहाल, कई लोग तेज़ी से काम करने के चक्कर में अपने शारीरिक और मानसिक स्वास्थ्य की बलि चढ़ा देते हैं।

समय कम है। इसलिए हमें धीमे चलना चाहिए।
—प्राचीन चीनी कहावत

तनाव के दौरान धीमे होना सीखने के लिए हमें अपने जीवन में कुछ परिवर्तन करने का समय निकालना चाहिए।

सबसे पहले तो हमें खुद को धीमे होने की अनुमति देनी चाहिए। हम खुद से जो कहते हैं, वह काफ़ी मायने रखता है। अंदर जल्दबाज़ी का नज़रिया रखने से बहुत सारा अर्थहीन तनाव और चिंता उत्पन्न हो सकती है। अपने नज़रिये को स्वीकृति वाला बनाएँ और जब भी संभव हो, खुद को धीमे होने की अनुमति दें।

जो चीज़ें हमारी प्राथमिकता सूची में नहीं हैं, उन्हें "नहीं" कह दें। लोगों से नहीं कहने में कोई बुराई नहीं है और हमें इसका कारण बताने की भी ज़रूरत नहीं है। नहीं अपने आप में पूरा वाक्य है। कारण बताने से ज़्यादा व्याख्या करने की आवश्यकता और अपेक्षा उत्पन्न होती है।

धीमे होकर हम गुलाब की खुशबू सूँघने का वक़्त निकाल रहे हैं। लेकिन यह नहीं भूलें कि इसके लिए हमें साँस भी लेनी होगी! गुलाबों और उन सारी चीज़ों तथा लोगों के प्रति कृतज्ञ होने का समय निकालें, जो हर दिन इंतज़ार कर रहे हैं कि हम उन्हें देखें।

अब हम अतिरिक्त सामान लादकर पूरी तेज़ी से और बिना रुके पहाड़ पर चढ़ने की नहीं सोच रहे हैं। अब हम रुकने, आराम करने और नज़ारे का आनंद लेने, शायद थोड़ी देर झपकी लेने के इरादे से पहाड़ पर चढ़ रहे हैं। हम शिखर पर इसलिए पहुँच जाते हैं, क्योंकि हमने अपने जीवन में तनाव को संतुलित करना सीख लिया है। खुद को प्राथमिकता दें।

तनाव और चिंता पर सही परिप्रेक्ष्य पाने का एक अच्छा तरीक़ा स्वस्थ रहना तथा चलते रहना है! लेकिन हम जितने ज़्यादा तनावग्रस्त होते हैं, इस बात की उतनी ही ज़्यादा आशंका रहती है कि हम अपने शरीर की बुनियादी ज़रूरतों को नज़रअंदाज़ कर देंगे।

ब्रेक लेना सबसे ज़्यादा उत्पादक होता है

हममें से कई लोग किसी काम या प्रोजेक्ट पर शुरू होते हैं, तो काम ख़त्म होने तक जुटे रहते हैं और इस दौरान एक भी ब्रेक नहीं लेते। लेकिन ब्रेक लेने से मन को शांत होने, विश्राम करने और कुछ समय के लिए किसी दूसरी जगह जाने की अनुमति मिलती है। खड़े हो जाएँ, चहलक़दमी करें और शरीर को ढीला छोड़ दें।

हममें से कई लोग सोते कम, बैठते ज़्यादा हैं। इंसान का शरीर दिन भर किसी डेस्क पर बैठने या पलंग पर लेटने के लिए नहीं बना है। स्वास्थ्य के जोखिमों से बचने के लिए हमें हर दिन तीस मिनट तक व्यायाम ही नहीं करना चाहिए, बल्कि दिन में उठने के हर मौक़े का लाभ भी लेना चाहिए। कुछ लोग महत्त्वपूर्ण चीज़ों – फ़ोन, कॉपियर, प्रिंटर और कॉफ़ी पॉट – को अपनी डेस्क से थोड़ी दूरी पर रखते हैं। एक सलाह यह है कि पानी पीने के लिए छोटे कप का इस्तेमाल करें, ताकि आपको इसे भरने के लिए लंबी दूरी तक चलना पड़े।

उठें, शरीर को हिलाएँ और अपनी आँखों को खिड़की से बाहर का स्वस्थ नज़ारा दिखाएँ।

गहरी साँस लें, अपनी साँस धीमी करें

याद है बचपन में आपसे कहा गया था कि अगर आप विचलित हैं, तो गहरी साँसें लें और दस तक गिनें? हमारी दादियाँ जानती थीं कि वे क्या कह रही थीं। हम कैसे साँस ले रहे हैं, इसकी निगरानी करना बहुत महत्त्वपूर्ण होता है। तनाव में लोग अक्सर अपनी साँस रोक लेते हैं या फिर उथली, तेज़ साँसें लेने लगते हैं। उथली साँस तनावग्रस्त शरीर की निशानी है।

गहरी साँस शरीर को फ़ीडबैक देने की तकनीक है, जो हमारे शरीर को यह बताती है कि सब कुछ ठीक हो जाएगा। पहले तीन, फिर चार,

फिर पाँच तक साँस लेकर और छोड़कर शुरू करें। आप महसूस करेंगे कि तनाव बाहर निकल रहा है और शांति अंदर आ रही है।

लोगों की जागरूकता बढ़ाने का मार्गदर्शन देने वाली डाएन सुआरेस यह सलाह देती हैं : "हमारा शरीर संकुचित अवस्थाओं में अंदर-बाहर होता रहता है, पल दर पल। जो भी इंसान तनाव कम करना चाहता है, मानसिक स्पष्टता बढ़ाना चाहता है, किसी भी तरह के दर्द को कम करना चाहता है, जिसमें भावनात्मक और मनोवैज्ञानिक दर्द शामिल है, वह सोने से पहले और सुबह जागते ही तीन गहरी साँसें लेने की आदत डाल सकता है। साँस पर चेतन ध्यान देने की इस आदत से नई गति बनती है और यह समय के साथ बहुत प्रभावी बन सकती है। शरीर को ऑक्सीजन मिलना अनिवार्य है। साँस के ज़रिये विषैले पदार्थ छोड़ने से शरीर कुदरती ढंग से नया बनता है।"

सुआरेस की यह भी सलाह है कि जब भी हम समझ के नए स्तर हासिल करना चाहते हों, तो हर बार गहरी साँस लें। अगर हमें इसकी आदत नहीं है, तो हम यह देखकर आश्चर्यचकित रह जाएँगे कि किस तरह नियमित, धीमी, गहरी और संतुलित साँस हमें केंद्रित रखती है और शांत करती है।

जब हम अपने फेफड़ों में गहरी साँस भरते हैं, तो हम अपने ख़ाली शरीर को मूल्यवान ऑक्सीजन की ख़ुराक दे रहे हैं। राहत का यह त्वरित अहसास बहुत उल्लेखनीय हो सकता है।

अगर हम खड़े होकर गहरी साँस ले रहे हैं, तो हमारी मुद्रा को बल मिलता है। जब हम अपना सीना खोलते हैं और इस तरह अपने आस-पास वालों के सामने अपना दिल खोलते हैं, तो इससे सकारात्मकता का अतिरिक्त अहसास उत्पन्न होता है।

पाँच मिनट तनावरहित होने के लिए श्वसन अभ्यास

साँस लें

धीमी और गहरी साँस लें, अपने सीने में हवा भर लें, चार सेकेंड तक गिनती करें "एक *और* दो *और* तीन *और* चार।" इस गिनती से आपको एक अच्छी

और आसान, संतुलित गति मिलती है। असहज हुए बिना ज़्यादा से ज़्यादा हवा अंदर भरने की कोशिश करें। कल्पना करें कि आपका सीना धीरे-धीरे हवा से भर रहा है, आपके डायफ्रैम या मध्यपट से आपके कंठ तक।

साँस रोकें

जब आप साँस पूरी तरह अंदर ले लें, तो अपनी साँस चार सेकेंड तक रोक लें, फिर गिनें – "एक और दो और तीन और चार।" यह बस एक आरामदेह विराम होना चाहिए। इसे चेहरा नीला पड़ने तक नहीं करें।

साँस छोड़ें

साँस छोड़ें – लेकिन एकदम नहीं छोड़ें। बस हवा को अपने मुँह से धीरे-धीरे निकलने दें और खुद से कहें "आराम से... आराम से... आराम से... आराम से।" ज़्यादा से ज़्यादा साँस छोड़ने की कोशिश करें – फेफड़ों के सबसे निचले हिस्से तक। इस दौरान यह महसूस करें कि आप तनावरहित हो रहे हैं। महसूस करें कि आपके कंधे, सीना और डायफ्रैम तनावरहित हो रहे हैं। साँस छोड़ते समय सोचें कि तनाव आपके शरीर से बाहर निकल रहा है।

कम नींद वाले लोग पूरे होशोहवास में नहीं होते हैं

सप्ताह के दौरान हम औसतन 6.9 घंटे की नींद लेते हैं। इसका मतलब यह है कि हम उतनी स्पष्टता से नहीं सोच पा रहे हैं, जितनी स्पष्टता से सोच सकते हैं, चाहे हम यह पसंद करते हों या नहीं। युनिवर्सिटी ऑफ़ पेनसिल्वेनिया हॉस्पिटल के स्लीप ऐंड क्रोनोबायोलॉजी विभाग के प्रमुख डेविड डिंजेस का एक अध्ययन बताता है कि रात को आठ घंटे की नींद जादुई संख्या है। डिंजेस के दो सप्ताह के अध्ययन के दौरान जिन प्रतिभागियों ने हर रात को आठ घंटे की अच्छी नींद ली थी, उनका ध्यान बहुत कम भंग हुआ और संज्ञानात्मक क्षय देखने को नहीं मिला, लेकिन जिन लोगों ने सिर्फ़ छह घंटे की नींद ली, वे "उतने ही गड़बड़ थे, जितने वे लोग, जिन्हें दूसरे अध्ययन में चौबीस घंटे तक लगातार नींद से वंचित रखा गया था – क़ानूनी रूप से शराब पीने के बराबर," न्यू *यॉर्क टाइम्स* में लिखा था।

डिंजेस का अनुमान है कि जनसंख्या का बहुत छोटा हिस्सा यानी पाँच प्रतिशत या इससे कम ही पाँच घंटे या इससे कम नींद के बावजूद अपने प्रदर्शन को बरकरार रख सकते हैं। शोधकर्ताओं के अनुसार इसके पीछे आनुवांशिक कारण हो सकते हैं। लेकिन यह नहीं भूलें कि कुछ लोगों को नौ या दस घंटे की नींद की भी ज़रूरत होती है।

स्वास्थ्यवर्धक आहार लें

भोजन ही वह ईंधन है, जो हमारे स्वास्थ्य, संतुलन, ऊर्जा और स्टैमिना को क़ायम रखता है। यह प्रमाणित हो चुका है कि बहुत ज़्यादा तनाव या दबाव से सिर्फ़ हमारा मूड ही ख़राब नहीं होता है। जो लोग लगातार दबाव में रहते हैं, वे सर्दी से लेकर उच्च रक्तचाप और हृदयरोग तक हर बीमारी के प्रति ज़्यादा संवेदनशील होते हैं। हालाँकि इससे बचने के कई तरीक़े हैं, लेकिन एक रणनीति यह है कि हम तनाव को कम करने वाले आहार लेने लगें। एरिज़ोना युनिवर्सिटी में प्रोग्राम इन इंटेग्रेटिव मेडिसिन की एक्ज़ीक्यूटिव डायरेक्टर डॉ. विक्टोरिया मेज़ेस कहती हैं, "हर कोई जानता है कि भोजन शरीर का ईंधन है और जब हम तनाव में होते हैं, तो हमें बेहतर ईंधन पर ध्यान केंद्रित करना चाहिए।"

तनावपूर्ण स्थितियों में शारीरिक और मानसिक रूप से अपने सर्वश्रेष्ठ स्तर पर रहने के लिए हमें स्वास्थ्यवर्धक, ऊर्जा देने वाले भोजन करना चाहिए। हर बार भोजन करते वक़्त खुद से पूछें, "मैं इसे ज़्यादा स्वास्थ्यवर्धक बनाने के लिए क्या कर सकता हूँ?"

भोजन, हमारा ईंधन

बोस्टन के मेसाचुसेट्स जनरल हॉस्पिटल में बेन्सन-हेनरी इंस्टीट्यूट फ़ॉर माइंड बॉडी मेडिसिन की क्लीनिकल डाइटिशियन नरमिन वीरानी, आर.डी. और एल.डी.एन. कहती हैं, "कम पोषक पदार्थों वाला आहार अगर लंबे समय तक लिया जाए, तो इससे खनिज पदार्थों और विटामिनों का भंडार ख़ाली हो सकता है। ये पोषक पदार्थ तनावपूर्ण स्थितियों से बाहर निकलने में आपकी काफ़ी मदद करते हैं। इनके बिना सफ़र ज़्यादा मुश्किल हो जाता है।" भोजन अपने आप तनाव की समस्या को ख़त्म नहीं कर सकता, लेकिन

विशेषज्ञ इस बात पर एकमत हैं कि अच्छा पोषण समस्या की एक अहम कुंजी है। भोजन कई तरीक़ों से तनाव से लड़ता है। ओटमील जैसे आरामदेह आहार सेरोटोनिन नामक मानसिक रसायन के स्तर को बढ़ा देते हैं, जिसका हमारे शरीर पर शांतिदायक प्रभाव होता है। अन्य आहार तनावपूर्ण हॉरमोन कॉर्टिसॉल और एड्रेनलिन को कम करते हैं, जिनकी वजह से हमें लंबे समय में नुक़सान पहुँचता है।

हमारे आहार में जो भी चीज़ें सबसे बुरी हों, उन्हें कम करके शुरुआत करना बेहतर होता है, क्योंकि इससे चक्र टूट जाता है। इनकी जगह पर “शक्तिशाली आहार” रख दें; ये नायाब, खोजने में मुश्किल या बेस्वाद नहीं होते हैं। उनमें से कुछ अपनी शक्ति से हमें हैरान कर सकते हैं, हालाँकि हम उन्हें सिर्फ़ आनंद के लिए भी खा सकते हैं। यहाँ तनाव कम करने वाले कुछ आहार बताए जा रहे हैं :

जटिल कार्बोहाइड्रेट

जटिल कार्बोहाइड्रेट अच्छा महसूस कराने वाले रसायन हैं, जो धीरे-धीरे पचते हैं। वे साबुत अनाज, कुछ ब्रेडों, पास्ता और गर्म ओटमील के नाश्ते में होते हैं। ये रक्त शर्करा के स्तर को स्थिर करते हैं।

सरल कार्बोहाइड्रेट

हमें आम तौर पर सरल कार्बोहाइड्रेट के ख़िलाफ़ आगाह किया जाता है, जिसमें सोडा और मीठी चीज़ें शामिल हैं, लेकिन यह भी माना जाता है कि वे कुछ समय के लिए चिड़चिड़ेपन को कम कर सकते हैं। चूँकि वे जल्दी पच जाते हैं, इसलिए उनमें मौजूद शर्करा सेरोटोनिन को बढ़ा देती है।

काली चाय और अन्य आश्चर्य

शोध के अनुसार एक कप काली चाय पीने से हम तनावपूर्ण घटनाओं से ज़्यादा जल्दी उबर सकते हैं। एक अध्ययन में दो समूहों की तुलना की गई। एक समूह ने छह सप्ताह तक हर दिन चार कप चाय पी, जबकि दूसरे ने चाय जैसी प्रायोगिक औषधि पी। असली चाय पीने वालों ने बताया कि वे ज़्यादा शांत महसूस कर रहे थे और तनावपूर्ण स्थितियों के बाद उनके कॉर्टिसॉल का स्तर भी कम था। दूसरी तरफ़, कॉफ़ी कॉर्टिसॉल के स्तर को बढ़ा सकती है।

तनावविरोधी अन्य गोपनीय अस्त्र

पिस्ता शरीर पर तनावपूर्ण हॉरमोनों के प्रभाव को कम कर सकता है। जब आप तनाव में होते हैं, तो एड्रेनलिन रक्तचाप और हृदय गति को बढ़ा देता है। हर दिन मुट्ठी भर पिस्ता खाने से रक्तचाप कम हो सकता है, इसलिए एड्रेनलिन के प्रवाहित होने के बावजूद यह पहले जितना नहीं बढ़ेगा।

संतरे में विटामिन सी का ख़ज़ाना होता है और यह भी इसी सूची में आता है। अध्ययनों ने बताया है कि यह विटामिन प्रतिरोधक तंत्र को मज़बूत करके तनाव हॉरमोनों के स्तर को कम कर सकता है। यदि कोई ख़ास तनावपूर्ण घटना होने वाली हो, तो आप सप्लीमेंट लेने के बारे में सोच सकते हैं। एक अध्ययन में यह पाया गया कि किसी तनावपूर्ण काम के पहले जब लोगों ने 3,000 मिलीग्राम विटामिन सी लिया, तो रक्तचाप और कॉर्टिसॉल के स्तर ज़्यादा जल्दी सामान्य हो गए।

पालक में मौजूद मैग्नीशियम कॉर्टिसॉल के स्तर को नियंत्रित करता है, लेकिन जब हम दबाव में होते हैं, तो मैग्नीशियम में कम होने की प्रवृत्ति होती है। जब मैग्नीशियम बहुत कम हो जाता है, तो सिर दर्द और थकान की शुरुआत हो सकती है, जिससे तनाव के प्रभाव बढ़ जाते हैं। एक कप पालक मैग्नीशियम के भंडार को भरने की दिशा में काफ़ी मदद करती है। पालक नहीं खाते? थोड़ी पकी हुई सोयाबीन आज़माएँ या सैमन मछली का टुकड़ा भी, क्योंकि इनमें काफ़ी मैग्नीशियम होता है।

कॉर्टिसॉल और एड्रेनलिन को क़ाबू में रखने के लिए चर्बीदार मछली से दोस्ती करें। सैमन और ट्यूना जैसी मछलियों में पाए जाने वाले ओमेगा-3 फ़ैटी एसिड तनाव हॉरमोन को बढ़ने से रोक सकते हैं और हृदय रोग से बचा सकते हैं। स्थिर आपूर्ति के लिए सप्ताह में कम से कम दो बार तीन औंस या 85 ग्राम चर्बीदार मछली खाएँ।

पर्याप्त पोटेशियम लेना उच्च रक्तचाप को कम करने के सर्वश्रेष्ठ तरीक़ों में से एक है – और आधे एवकाडो में मध्यम आकार के केले से ज़्यादा पोटेशियम होता है। जब तनाव के कारण आपका मन ज़्यादा वसा वाली चीज़ें खाने का हो, तो एवकाडो से बना ग्वाकामोल एक पोषक विकल्प पेश करता है।

बादाम में सहायक विटामिनों का भंडार भरा होता है। इसका विटामिन ई प्रतिरक्षक तंत्र को मज़बूत करता है। इसके अलावा, इसमें बी विटामिन भी होते हैं, जो तनाव के दौरान शरीर को लचीला बनाते हैं। लाभ पाने के लिए हर दिन एक चौथाई कप बादाम का नाश्ता करें।

कच्ची सब्ज़ियाँ विशुद्ध मशीनी तरीक़े से तनाव के प्रभावों से जूझ सकती हैं। सेलेरी या गाजर चबाने से भिंचा जबड़ा खुल जाता है और इससे तनाव की वजह से होने वाला सिर दर्द रुक सकता है।

सोते समय कार्बोहाइड्रेट खाने से सेरोटोनिन के प्रवाहित होने की गति बढ़ जाती है और इससे ज़्यादा अच्छी नींद आती है। सोने से पहले भारी भोजन करने से एसिडिटी हो सकती है, इसलिए टोस्ट और जैम जैसी हल्की चीज़ें ही लें।

ध्यान : सीधे अपने केंद्र तक जाएँ

मेयो क्लीनिक तनाव राहत के लिए ध्यान की सलाह देता है, "अगर तनाव की वजह से आप चिंतित और तनावग्रस्त हैं, तो ध्यान लगाकर देखें। कुछ मिनट ध्यान लगाने से ही आपकी आंतरिक शांति वापस लौट सकती है। कोई भी ध्यान लगा सकता है। यह आसान है, ख़र्च रहित है और इसमें किसी ख़ास उपकरण की ज़रूरत नहीं होती। और आप जहाँ हैं, वहीं ध्यान लगा सकते हैं – चाहे आप बाहर टहल रहे हों, बस में सफ़र कर रहे हों, क्लीनिक में डॉक्टर का इंतज़ार कर रहे हों या किसी मुश्किल कारोबारी मीटिंग में हों।"

ध्यान सही दृष्टिकोण हासिल करने का आजीवन तरीक़ा बन सकता है। जो लोग नियमित रूप से ध्यान लगाते हैं, उन्होंने यह पाया है कि यह सही दृष्टिकोण दोबारा हासिल करने का शांतिदायक और एकाग्र तरीक़ा है। हम सौभाग्यशाली हैं कि ध्यान काफ़ी लोकप्रिय हो चुका है और अब इसे अनुत्पादक या स्वार्थपूर्ण ढंग से थोड़ी निहारना नहीं माना जाता है। जीवन आजकल गतिशील और बहुत तीव्र हो चुका है। जीवन से अधिकतम हासिल करने के लिए हमें अपने केंद्र से जुड़ना होगा, जिसके लिए एकांत और मौन की ज़रूरत होती है।

जब हम कहते हैं कि हम किसी चीज़ पर "ध्यान" लगाएँगे, तो हमारा मतलब होता है कि हम इस पर तब तक ध्यान केंद्रित करेंगे, जब तक कि

हम इसके सार को नहीं देख लें, कि इसका हमारे लिए क्या अर्थ है। मिल्टन एरिकसन ने कहा था कि ध्यान आधुनिक जीवन के तनाव देने वाले तत्त्वों का प्रतिकार करता है। ध्यान हमें दिखा देता है कि हमारे जीवन की घटनाएँ उतनी ही बड़ी या छोटी होती हैं, जितना हम उन्हें बनने की अनुमति देते हैं। यह हमें जीवन के पलों पर ध्यान केंद्रित करने की अनुमति देता है, जैसे वे सचमुच मौजूद होते हैं। इससे हम पल भर के लिए न्यूरॉसिस, जुनून, चिंतारोग से मुक्त हो जाते हैं। मशहूर तिब्बती संन्यासी चोग्यम ट्रंगपा ने कहा था : "ध्यान बस एक ऐसी जगह का सृजन है, जिसमें हम अपने न्यूरॉटिक खेलों या ख़ुद को धोखा देने वाले तरीक़ों, अपने छिपे हुए डरों और आशाओं को ख़त्म कर देते हैं। हम भावनाओं और जीवन की स्थितियों के बारे में ज़्यादा स्पष्टता से जागरूक बन जाते हैं, जिस वजह से वे हमें ज़्यादा विहंगम जागरूकता की ओर ले जा सकती हैं। इस बिंदु पर करुणापूर्ण नज़रिया और सहृदयता विकसित होती है। यह ख़ुद की बुनियादी स्वीकृति का नज़रिया है, हालाँकि इसके साथ ही आलोचनात्मक बुद्धि को भी क़ायम रखा जाता है।"

ध्यान लगाने का एक सफल तरीक़ा यह है कि आप अंदर-बाहर होती साँसों को गिनें। एक और तरीक़ा यह है कि जब भी कोई दख़ल देने वाला विचार अंदर आए, तो आप मन ही मन "विचार" कहें। ध्यान लगाने के उतने ही तरीक़े हैं, जितने कि ध्यान लगाने वाले लोग। बहरहाल, यह कभी नहीं भूलें कि तनावरहित करने में ध्यान अव्वल है।

योग, ताई ची या मार्शल आर्ट्स में शामिल हों

कई बार इन्हें "गतिशील ध्यान" भी कहा जाता है। व्यायाम के इन रूपों का इस्तेमाल सदियों से स्वस्थ, एकाग्र और लचीला रहने के लिए किया जा रहा है। ये सकारात्मक, स्वस्थ तरीक़े से शारीरिक ऊर्जा को मुक्त करने के बेहतरीन तरीक़े हैं।

योग का अभ्यास करें

योग तनाव और चिंता को कम करने का एक प्रभावी तरीक़ा हो सकता है। योग मुद्राएँ – जिनमें से कुछ के नाम प्रकृति से लिए गए हैं – और प्राणायाम नामक श्वास के नियंत्रित अभ्यास तनाव प्रबंधन व तनावमुक्ति के लोकप्रिय

साधन हैं। ध्यान की तरह ही कुछ समय पहले तक योग भी विदेशी और विचित्र लगता था। लेकिन आज सब कुछ बदल गया है। आजकल प्राणायाम और ध्यान की कला सिखाने वाली योग कक्षाएँ लगभग हर जगह चलती हैं – बड़े शहरों के फ़ैशनेबल हेल्थ क्लबों से लेकर छोटे शहरों में सामुदायिक शिक्षण कक्षाओं से लेकर अस्पतालों व क्लीनिकों तक, हर जगह।

योग को मनोदैहिक प्रकार की पूरक और वैकल्पिक चिकित्सा पद्धति माना जाता है। योग शारीरिक और मानसिक अनुशासनों के ज़रिये शरीर और मन की शांति हासिल करता है, हमें तनावरहित करता है और हमारे तनाव व चिंता का प्रबंधन करता है। पारंपरिक योग दर्शन के लिए यह आवश्यक है कि विद्यार्थी आचरण, आहार और ध्यान के ज़रिये इस पर केंद्रित रहें। लेकिन अगर हम पूरी जीवनशैली को नहीं बदलकर सिर्फ़ बेहतर तनाव प्रबंधन करना चाहते हों – चाहे यह रोज़मर्रा की परेशानियों के कारण हो या किसी बीमारी के कारण – तब भी योग से काफ़ी मदद मिल सकती है।

सटीक गतिविधियों के साथ योग हमारे ध्यान को हमारे व्यस्त, उथलपुथल भरे दिन से दूर खींचता है और शांति की ओर ले जाता है, जब हम अपने शरीर को उन मुद्राओं में पहुँचाते हैं, जिनमें संतुलन और एकाग्रता की ज़रूरत होती है।

योग की कई शैलियाँ, प्रकार और गहनताएँ हैं। तनाव प्रबंधन के लिए ख़ास तौर पर हठ योग एक अच्छा विकल्प है। हठ योग, योग की सबसे आम शैलियों में से एक है और कुछ शुरुआती अभ्यासियों को यह ज़्यादा आसान लगता है, क्योंकि इसकी गति धीमी होती है और इसकी गतिविधियाँ आसान होती हैं। लेकिन ज़्यादातर लोग योग की किसी भी शैली से लाभ ले सकते हैं – यह व्यक्तिगत पसंद का मामला है।

योग की मुद्राएँ, जिन्हें आसन भी कहा जाता है, शक्ति और लचीलापन बढ़ाने वाली गतिविधियों की शृंखला हैं। मुद्राएँ आसान भी होती हैं, जैसे पूरी तरह शांत होकर ज़मीन पर लेटना। ये मुश्किल भी हो सकती हैं और हमारी शारीरिक सीमाओं को चुनौती दे सकती हैं। श्वास को नियंत्रित करना योग का एक और महत्त्वपूर्ण हिस्सा है। योग में श्वास जीवन ऊर्जा है। योग सिखाता है कि अपनी श्वास को नियंत्रित करने से हमें शरीर को नियंत्रित करने में मदद मिल सकती है और हम अपने मन को भी शांत कर सकते हैं।

प्राचीन ताई ची की शक्ति

ताई ची तनाव कम करने का एक और तरीक़ा है। ताई ची की प्राचीन कला आज की व्यस्त जीवनशैली के तनाव को कम करने और स्वास्थ्य को बेहतर बनाने के लिए प्रवाहशील गतिविधियों का इस्तेमाल करती है। ताई ची को कई बार "गतिशील ध्यान" भी कहा जाता है, क्योंकि यह मन और शरीर को जोड़ने वाली सौम्य गतिविधियों द्वारा शांति बढ़ाता है। ताई ची का उद्गम प्राचीन चीन में आत्मरक्षा के लिए हुआ था, लेकिन अब यह व्यायाम का एक आकर्षक रूप बन चुका है, जिसका इस्तेमाल तनाव कम करने और कई रोगों में राहत पहुँचाने के लिए भी किया जाता है।

ताई ची, जिसे ताई ची चुआन भी कहा जाता है, सौम्य शारीरिक व्यायाम और स्ट्रेचिंग व्यायाम का एक ग़ैर-प्रतिस्पर्धी, ख़ुद की गति वाला तंत्र है, जिसमें मुद्राओं या गतिविधियों की श्रृंखला एक धीमे, आकर्षक अंदाज़ में की जाती हैं। हर मुद्रा बिना रुके अगली मुद्रा में प्रवाहित होती है, जिससे शरीर सतत गति में बना रहता है। ताई ची आकर्षक है, क्योंकि यह किफ़ायती है, इसमें किसी विशेष उपकरण की ज़रूरत नहीं होती और इसे घर के अंदर या बाहर, अकेले या समूह में किया जा सकता है।

8

आपसी संवाद की बेहतरीन योग्यताएँ कैसे विकसित करें

अगर यह पुस्तक पढ़कर आप बस एक चीज़ ही सीख लें – हमेशा दूसरे लोगों के बारे में सोचना और उनके नज़रिये से परिस्थितियों को देखना – अगर आप इस पुस्तक से बस यही एक चीज़ सीख लें, तो यह आसानी से आपके उज्ज्वल करियर की बुनियाद साबित हो सकती है।

—डेल कारनेगी,
हाउ टु विन फ्रेंड्स ऐंड इन्फ्लुएंस पीपल

दूसरों का आज्ञापालन से वचनबद्धता तक कुशल नेतृत्व करना

क्या हम प्रभावी पैदा होते हैं? या फिर हम प्रभावी बनते हैं? ऐसा लगता है कि दोनों ही बातें होती हैं। कुछ लोग जीवन में ऐसी भूमिकाओं या जगह पर पैदा होते हैं, जिनकी वजह से वे प्रभावी बन जाते हैं। बाक़ी लोग अपना विकास करने के लिए कड़ी मेहनत करते हैं और प्रभावित करने की योग्यता एक सह-उत्पाद बन सकती है, चाहे वे इसे चाहते हों या नहीं। जो लोग ओहदे की स्थिति में पैदा होते हैं, उन्हें भी लोगों पर अच्छा प्रभाव डालने की असली योग्यता विकसित करने के लिए कड़ी मेहनत करनी होती है।

प्रभाव और नेतृत्व का चोली-दामन का साथ है। जब हम प्रभावित करने की योग्यता विकसित कर लेते हैं, अक्सर तभी हम नेतृत्व की भूमिका की ओर बढ़ते हैं। दूसरों को प्रभावित करने के हमारे उद्देश्यों का अंततः सबको पता चल जाएगा और यदि वे अच्छे नहीं हुए, तो हमारा प्रभाव घट जाएगा।

डेल कारनेगी अपनी पुस्तक *हाउ टु विन फ्रेंड्स ऐंड इन्फ्लुएंस पीपल* के लिए सबसे ज़्यादा मशहूर हैं। इस पुस्तक में मानव संबंध के "दोनों पक्षों की जीत" के तीस सिद्धांतों के ढेरों उदाहरण भरे पड़े हैं। अगर हमें इन तीस सिद्धांतों का सार एक शब्द में बताना हो, तो यह संभवतः सम्मान होगा। ज़्यादातर लोग सहमत होंगे कि हम दूसरों से आज्ञापालन के बजाय वचनबद्धता पाना चाहेंगे।

आज्ञापालन से जुड़े कुछ मुख्य शब्द हैं ओहदा, दायित्व, भूमिका, पदवी, पद, दर्जा और अधिकार। वचनबद्धता के संबंध में हम जो मुख्य शब्द सोचते हैं, वे हैं जुड़ाव, अनुकूलता, रुचि, संबंध, साहचर्य और प्राप्तकर्ता।

हम सभी डेल कारनेगी की तरह शोध कर सकते हैं, अगर हम प्रभावी लोगों के बारे में सोचकर उनके उल्लेखनीय गुणों, मूल्यों या योग्यताओं की सूची बनाएँ।

ज़्यादा दोस्ताना बनें

ज़्यादा दोस्ताना इंसान बनने के लिए डेल कारनेगी के कई मशहूर सुझाव हैं, जो दोहराने लायक़ हैं। आख़िर वे किसी अच्छे कारण से ही संसार में सबसे मशहूर सुझावों में गिन जाते हैं – क्योंकि वे काम करते हैं, वे आसान हैं और वे हमारे चरित्र को बेहतर बनाते हैं, साथ ही वे हमारे संबंधों को भी बेहतर बनाते हैं। ये हैं :

- आलोचना नहीं करें, निंदा नहीं करें या शिकायत नहीं करें
- ईमानदार, सच्ची प्रशंसा दें
- सामने वाले व्यक्ति में उत्सुक इच्छा जगाएँ
- दूसरों में सच्ची रुचि लें
- मुस्कराएँ

* याद रखें कि किसी व्यक्ति का नाम उस व्यक्ति के लिए किसी भी भाषा का सबसे मधुर शब्द होता है
* दूसरों को उनके बारे में बात करने के लिए प्रोत्साहित करें
* सामने वाले की रुचियों के संदर्भ में बात करें
* सामने वाले को महत्त्वपूर्ण महसूस कराएँ – और इसे ईमानदारी से करें

दूसरों को प्रभावित करने के लिए कहानियों का इस्तेमाल करना

कहानियाँ हमारे तार्किक पहलू के साथ-साथ हमारे भावनात्मक पहलू को भी प्रभावित करती हैं। वे जानकारी के साथ ही संदर्भ भी प्रदान करती हैं। वे मनोवैज्ञानिक स्तर पर जोड़ती हैं और श्रोताओं के साथ इंसान के रूप में हमारा बंधन जोड़ती हैं। वे बहुल इंद्रियात्मक स्तर पर दूसरों को स्पर्श करती हैं, इसीलिए वे सभी युगों तथा संस्कृतियों में लोकप्रिय रही हैं।

जीवन में जो गंभीर विवाद होते हैं, उनमें से नब्बे प्रतिशत ग़लतफ़हमियों का परिणाम होते हैं, सामने वाले के दृष्टिकोण को नहीं समझने की वजह से या यह नहीं जानने की वजह से कि सामने वाले को कौन से तथ्य महत्त्वपूर्ण लगते हैं।

—जज लुइस डी. ब्रान्डीज़

हर दिन नेतृत्व का अभ्यास करना

दूसरों के नज़रियों और व्यवहारों को प्रभावित करने के लिए प्रशंसा और सच्ची सराहना से शुरुआत करें। लोगों की ग़लतियों पर अप्रत्यक्ष रूप से ध्यान दिलाएँ। सामने वाले की आलोचना करने से पहले अपनी खुद की ग़लतियों पर बात करें। सीधे आदेश देने के बजाय प्रश्न पूछें। सामने वाले को लाज बचाने दें।

हल्के से भी सुधार की प्रशंसा करें और हर बेहतरी की प्रशंसा करें। अपने अनुमोदन में दरियादिल बनें और अपनी प्रशंसा में उदार रहें। सामने

वाले को एक अच्छी प्रतिष्ठा दें, जिसके अनुरूप वह जी सके। प्रोत्साहन का इस्तेमाल करें। यदि कोई दोष है, तो ऐसा जताएँ, मानो उसे सही करना आसान हो। हम जो सुझाव देते हैं, उस पर अमल करने के बारे में सामने वाले को खुश महसूस कराएँ।

हमें हमेशा अपनी कमज़ोरियों पर ध्यान केंद्रित करने के बजाय अपनी शक्तियों पर ध्यान केंद्रित करना चाहिए। इससे हम ज़्यादा जल्दी विशेषज्ञ बन जाएँगे। अपनी कमज़ोरियों की भरपाई करने के लिए दूसरों का सहारा लेने की सलाह दी जाती है। महान लीडर अपनी कमज़ोरियों को पहचानते हैं। वे जिस क्षेत्र में कमज़ोर हैं, उस क्षेत्र के उत्कृष्ट लोगों को वे खोज लेते हैं और उनका सहयोग लेते हैं। महान लीडर अपनी कमज़ोरियाँ छिपाते नहीं हैं; वे उनका इस्तेमाल करते हैं। वे अपने तौर-तरीक़ों में अड़ियल बनने से भी बचते हैं, इसलिए वे अक्सर कम लोकप्रिय राह चुनते हैं।

अच्छी तरह असहमत हों

"सोचें, सहारा दें, इसके बाद ही आपको बोलना चाहिए," डेल कारनेगी की सलाह है। *इस बारे में सोचें कि आप क्या सोच रहे हैं* और आप इसे क्यों सोच रहे हैं और आपके पास क्या प्रमाण है। प्रमाण विश्वसनीयता बनाता है और शंका को पराजित करता है। प्रमाण प्रदर्शनों, उदाहरणों, तथ्यों, प्रदर्शित वस्तुओं, उपमाओं, गवाहियों और सांख्यिकी में दिखता है।

डेल कारनेगी जिस "सहारे" का ज़िक्र करते हैं, उसमें ऐसे वाक्यांश शामिल होते हैं, "मैंने आपकी बात सुनी कि..." "मैं समझता हूँ कि..." और "मैं आपके विचारों की क़द्र करता हूँ..." वे "लेकिन, किंतु और परंतु" जैसे शब्दों से बचने की सलाह देते हैं, क्योंकि वे पुल नहीं बनाते हैं, बल्कि खाई बनाते हैं। "सहारे" की भाषा रूखेपन से बचती है और सामने वाले को रक्षात्मक नहीं बनाती है।

यह महत्त्वपूर्ण है कि संघर्ष के दौर में भी दूसरों को उनकी गरिमा क़ायम रखने दी जाए और लोगों के महत्त्व के बारे में उन्हें दोबारा आश्वस्त किया जाए। एक ऐसा परिवेश बनाएँ, जहाँ दोनों पक्ष सीख सकें।

साझा ज़मीन, हमेशा उपलब्ध

जिस व्यक्ति ने ग़लती की है, उसके और अपने बीच मतैक्य बनाने के तरीक़ों की तलाश करें। सबसे पहले सौहार्द बनाएँ। सौहार्द सद्भाव और आपसी विश्वास वह भंडार है, जो लंबे समय तक न्यायपूर्ण व्यवहार से इकट्ठा हुआ है। जब आप मिलें, तो शुरुआत में सामने वाले को आरामदेह बनाएँ और उसकी चिंता को कम करें। उसे आरामदेह महसूस कराएँ। परानुभूतिपूर्ण अंदाज़ में बात शुरू करें और फिर बातचीत में सामने मौजूद समस्या तक पुल बनाएँ।

जल्द ही समस्या से निबटने का समय आ जाएगा। इस क़दम में हमें व्यक्ति पर नहीं, समस्या पर ध्यान केंद्रित करना चाहिए। व्यक्तिगत सर्वनामों को हटाकर समस्या को व्यक्ति से अलग कर दें। काम ग़लत था, उसे करने वाला व्यक्ति नहीं। हमें सामने वाले व्यक्ति को यह बताने का मौक़ा देना चाहिए कि क्या हुआ था। फिर इसके बाद हम उसे वह बताना चाहते हैं, जो हम समस्या के बारे में जानते हैं।

हमें समझने के लिए सुनना चाहिए और यह तय करना चाहिए कि वह ज़िम्मेदारी स्वीकार कर रहा है या दूसरे लोगों या स्थितियों को दोष देकर ज़िम्मेदारी से बच रहा है। हमारा लक्ष्य तथ्य और जानकारी इकट्ठी करना है, ताकि हम सटीकता से समस्या को पहचान सकें और यह पता लगा सकें कि यह क्यों उत्पन्न हुई। प्रश्न पूछकर और निष्कर्षों पर नहीं कूदकर सामने वाले की रक्षात्मकता को कम करें। इससे भिन्न दृष्टिकोण सतह पर आ जाएँगे और हम समस्या के मूल कारण को पहचान सकेंगे।

विकल्प, वचनबद्धता, जवाबदेही

अगले क़दमों का उद्देश्य समस्या को दुरुस्त करना है, ग़लती के दोबारा होने की आशंका को कम करना है और उस व्यक्ति के अच्छे प्रदर्शन को दोबारा लौटाना है। इनमें समस्या की पुनरावृत्ति से बचने की योजना बनाना भी शामिल है।

मिलकर विकल्प टटोलने के इस क़दम में एक बात का ध्यान रखें। ज़िम्मेदारी स्वीकार करने वाले कर्मचारी के साथ अलग तरीक़े से व्यवहार करें और दूसरों को दोष देने वाले तथा ज़िम्मेदारी से बचने वाले कर्मचारी

के साथ अलग तरीक़े से व्यवहार करें। ज़िम्मेदार कर्मचारी के मामले में यह नीति अपनाएँ। प्रभावी सवाल पूछकर, उसके जवाब सुनकर और कोचिंग का इस्तेमाल करके उसे समाधान सुझाने के लिए प्रोत्साहित करें। उसे समस्या का विश्लेषण करने और निर्णय लेने की प्रक्रिया में शामिल किया जा सकता है। जब वह समाधान प्रदान करने में मदद करता है, तो उसके वचनबद्ध रहने की ज़्यादा संभावना होगी। "दोष देने" या "ज़िम्मेदारी से बचने" वाले कर्मचारी के मामले में मैनेजर को पहले कामकाजी अपेक्षाओं की दोबारा पुष्टि करना चाहिए। इसके बाद उन्हें उसे ज़िम्मेदारी स्वीकार करने और जवाबदेही तय करने की सलाह देनी चाहिए।

जहाँ ग़लती करने वाले को मदद की ज़रूरत हो

वचनबद्धता हासिल करते वक़्त व्यक्ति पर ध्यान केंद्रित करें। स्पष्ट रूप से जिस व्यक्ति ने ग़लती की है, वह कुछ हद तक खुद को असफल मानता है और ऐसे में इस बात की कम संभावना रहती है कि अगले मौक़े पर उसमें आत्मविश्वास रहेगा। इसलिए स्थिति को एक अलग पृष्ठभूमि में देखने में उसे मदद की ज़रूरत हो सकती है।

उस सहयोगी को उसके खुद के और कंपनी की महत्ता के बारे में दोबारा आश्वस्त करने की ज़रूरत है। उसे दूसरों के समर्थन व प्रोत्साहन के बारे में भी आश्वस्त करने की ज़रूरत है। मीटिंग से जाते समय सहयोगी को अपना सर्वश्रेष्ठ प्रदर्शन करने के लिए प्रेरित महसूस करना चाहिए, क्योंकि उसे एक ठोस संबंध का अहसास हो गया है। कामकाज में ज़्यादा ऊँचा प्रदर्शन स्तर लौटाने की वचनबद्धता ज़रूरी है। साथ ही, उसकी सफलता के प्रति हमारी वचनबद्धता को मज़बूत करना भी ज़रूरी है।

"दोष देने वाला" या "ज़िम्मेदारी से बचने वाला" सहयोगी जब मीटिंग से लौटता है, तो उसे जवाबदेही का अहसास होना चाहिए और यह समझ होनी चाहिए कि उससे कंपनी की क्या अपेक्षाएँ हैं।

पदनाम

हमारे संबंध विश्वास की मात्रा से परिभाषित होते हैं। डेल कारनेगी विश्वास को सक्षमता व करुणा का परिणाम कहते थे। चूँकि हमारी प्रवृत्तियाँ हमारे

संबंधों को प्रभावित करती हैं, इसलिए यह जानने से मदद मिलती है कि हमारी प्रवृत्तियाँ क्या हैं और वे कैसे दूसरों से संबंधित हैं।

नीचे हर क़तार में चार शब्द या वाक्यांश हैं। हर क़तार में से उस एक शब्द या वाक्यांश पर गोला लगाएँ, जो आपका सबसे नज़दीकी वर्णन करता हो। हर क़तार से केवल एक ही शब्द या वाक्यांश चुनें।

ए	सूचना देने वाला	भविष्यवादी	यथार्थवादी	समन्वयक
बी	लोगों पर केंद्रित	विवरण पर केंद्रित	मूल्यों पर केंद्रित	आगे की सोचने वाला
सी	स्वप्नदर्शी	प्रेरित करने वाला	काम करने वाला	शांति क़ायम रखने वाला
डी	निर्णायक	प्रेरक	विश्वसनीय	विचारशील
ई	डेडलाइनें पूरी करता है	लोगों को एक साथ जोड़ता है	चीज़ों को पटरी पर रखता है	मिशन का अहसास होता है
एफ़	नाटकीय	जिज्ञासु	तनावरहित	केंद्रित
जी	जानता है कि चीज़ें कैसे करनी चाहिए	जानता है कि क्या करना है	जानता है कि वह कहाँ पहुँचना चाहता है	जानता है कि कौन से प्रश्न पूछने हैं
एच	प्रणालियों की समीक्षा करता है	समस्याओं को पहले से भाँपता है	समस्याओं को सुलझाता है	संघर्षों को सुलझाता है
आई	परिणाम हासिल करता है	सुनिश्चित करता है कि परिणाम उचित हों	सुनिश्चित करता है कि चीज़ें सही की जाएँ	परिणामों पर ध्यान केंद्रित करता है
जे	करिश्माई	तैयार	सहज	जागरूक

आपकी प्रवृत्तियाँ : स्कोर शीट

निर्देश

पिछले पेज पर आपने जिन शब्दों या वाक्यांशों पर गोला लगाया है, इस स्कोर शीट पर भी उन पर गोला लगाएँ। हर कॉलम में गोले वाले शब्दों की संख्या को जोड़ लें। कॉलम का क्रम सबसे निचले (4) से सबसे ऊँचे (1) तक मानें।

	स्वप्नदृष्टा	उपलब्धिकर्ता	विश्लेषक	समन्वयक
ए	भविष्यवादी	यथार्थवादी	समन्वयक	सूचना देने वाला
बी	आगे की सोचने वाला	मूल्यों पर केंद्रित	लोगों पर केंद्रित	विवरण पर केंद्रित
सी	स्वप्नदर्शी	प्रेरित करने वाला	शांति क़ायम रखने वाला	काम करने वाला
डी	प्रेरक	विश्वसनीय	विचारशील	निर्णायक
ई	मिशन का अहसास होता है	डेडलाइनें पूरी करता है	लोगों को एक साथ जोड़ता है	चीज़ों को पटरी पर रखता है
एफ़	नाटकीय	केंद्रित	तनावरहित	जिज्ञासु
जी	जानता है कि वह कहाँ पहुँचना चाहता है	जानता है कि क्या करना है	जानता है कि चीज़ें कैसे करनी चाहिए	जानता है कि कौन से प्रश्न पूछने हैं
एच	समस्याओं को पहले से भाँपता है	समस्याओं को सुलझाता है	संघर्षों को सुलझाता है	प्रणालियों की समीक्षा करता है
आई	परिणामों पर ध्यान केंद्रित करता है	परिणाम हासिल करता है	सुनिश्चित करता है कि चीज़ें सही की जाएँ	सुनिश्चत करता है कि परिणाम उचित हों
जे	करिश्माई	तैयार	सहज	जागरूक

स्वप्नदृष्टा	उपलब्धिकर्ता	समन्वयक	विश्लेषक
योग :	योग :	योग :	योग : .....
रैंक :	रैंक :	रैंक :	रैंक : .....

अलग-अलग प्रवृत्तियाँ, अलग-अलग भूमिकाएँ

पिछले अभ्यास में जो चार प्रवृत्तियाँ दी गई हैं, वे महत्त्वपूर्ण भूमिकाओं में बदलती हैं। उनका वर्णन इस तरह किया जा सकता है :

स्वप्नदृष्टा

मूलतः बड़ी तसवीर पर ध्यान केंद्रित करता है। वह दीर्घकालीन वांछित परिणामों और टीम तथा इसकी प्रक्रियाओं की सामान्य दिशा पर निगाह रखता है। इस तरह स्वप्नदृष्टा मिशन, दिशा और नेतृत्व का वह आवश्यक अहसास दे सकता है, जो दूसरे नहीं दे सकते। *नकारात्मक पहलू यह है कि स्वप्नदृष्टा विवरणों को अक्सर नज़रअंदाज़ कर देता है और लक्ष्य हासिल करने के लिए आवश्यक काम करने में असफल रहता है।*

उपलब्धिकर्ता

इन लोगों पर काम करने के लिए सबसे ज़्यादा निर्भर रहा जा सकता है। वह अक्सर एक मेहनती कर्मचारी होता है, जिसके पास असाधारण तकनीकी विशेषज्ञता होती है और वह किसी सौंपे गए काम को पूरा करने के लिए अंतिम सीमा तक जाता है। *बहरहाल, काम करने की इच्छा में उपलब्धिकर्ता अक्सर दूसरों के योगदानों को नज़रअंदाज़ कर देता है और उसके "साथ काम करना मुश्किल" माना जा सकता है।*

समन्वयक

लोगों के साथ काम करने के लिए सर्वश्रेष्ठ रहता है। वह यह सुनिश्चित करने की कोशिश करता है कि प्रक्रियाएँ स्थापित की जाएँ और उनका पालन हो। संघर्ष उत्पन्न होने पर आप समन्वयक पर भरोसा कर सकते हैं कि वह सभी पक्षों से उनकी मतभिन्नताओं पर उचित विचार-विमर्श कराकर चीज़ें सही कर देगा। *यह नकारात्मक भी हो सकता है, क्योंकि प्रक्रिया पर इतने*

ज़्यादा ध्यान की वजह से समन्वयक अक्सर समय पर काम पूरा करने को नज़रअंदाज़ कर देता है।

विश्लेषक

टीम की पृष्ठभूमि में विश्लेषक टीम की अंतरात्मा है। वह टीम के निर्णयों और नीतियों की समीक्षा करता है और उनकी तुलना सामान्य उद्देश्य से करके यह सुनिश्चित करता है कि टीम पटरी पर बनी रहे। इस तरह विश्लेषक अक्सर वह नैतिक और प्रक्रियात्मक कम्पास प्रदान कर सकता है, जिसकी टीमों को ज़रूरत होती है। *बहरहाल, ऐसा करने में विश्लेषक अक्सर प्रतिक्रियाशील अवस्था में रहता है और दूसरे यह मान सकते हैं कि वह खुद कोई काम शुरू नहीं कर सकता या किसी काम को अकेले नहीं कर सकता।*

नीचे दी गई ग्रिड में इस बात का संक्षिप्त विवरण दिया गया है कि लोग मिलकर कैसे काम कर सकते हैं। बाईं तरफ़ अपनी प्रवृत्ति को चुनें और पढ़ें कि आप दूसरी भूमिकाओं के साथ सबसे अच्छी तरह कैसे काम कर सकते हैं।

	स्वप्नदृष्टा	उपलब्धिकर्ता	समन्वयक	विश्लेषक
स्वप्नदृष्टा	स्वप्नदृष्टा यह ध्यान रखें कि स्वप्नदृष्टा के रूप में आप कल की राह देख रहे हैं, लेकिन आपको आज चीज़ें कराने के लिए दूसरों के साथ मिलकर काम करना होगा।	भविष्य के अपने स्वप्न को ऐसी चीज़ों और आवश्यक कामों में बदलने की कोशिश करें, जिन्हें उपलब्धिकर्ता हासिल कर सके।	अपनी प्रेरणा को समन्वयक की लोक-व्यवहार की योग्यताओं के साथ मिलाकर एक ऐसी प्रक्रिया स्थापित करें, जो आपके स्वप्न और साझे उद्देश्य को मिलाती हो।	विश्लेषक को कामों और प्रक्रियाओं का परीक्षण करने के लिए सशक्त बनाएँ, ताकि वे स्वप्न और साझे उद्देश्य के तालमेल में हों।

उपलब्धिकर्ता	स्वप्नदृष्टा की सलाह माँगकर यह सुनिश्चित करता है कि आपके काम बड़ी तसवीर के संदर्भ में फ़र्क़ पैदा कर रहे हैं।	सर्वश्रेष्ठ परिणाम सुनिश्चित करने के लिए दूसरे उपलब्धिकर्ताओं के साथ स्पष्टता से कामों का बँटवारा करता है।	समन्वयक से ऐसे तरीक़े पूछता है, जिनसे प्रक्रिया कामों में सहायता कर सके। उसकी लोक-व्यवहार संबंधी कुछ योग्यताओं को अपनी खुद की शैली में ढालने की कोशिश करता है।	विश्लेषक को आपके काम की समीक्षा करने के लिए प्रोत्साहित करें, ताकि आप बेहतर बनें और सुनिश्चित हो सके कि आपके प्रयास साझे उद्देश्य का समर्थन करते हैं।
समन्वयक	समन्वयक स्वप्नदृष्टा को दीर्घकालीन परिणाम तक पहुँचने के लिए आवश्यक प्रक्रिया की याद दिलाएँ। अपनी प्रक्रियाओं को उसके स्वप्न के अनुरूप ढालें।	साझे उद्देश्य को हासिल करने के लिए उपलब्धिकर्ता के योगदानों को महत्त्व दें और प्रक्रियाएँ सुझाएँ, जिनसे उसे टीम के दूसरे लोगों के साथ काम करने में मदद मिले।	ऐसी प्रक्रियाएँ स्थापित करने के लिए मिलकर काम करें, जो आपकी टीम के सभी सदस्यों की ज़रूरतों पर विचार करती हों।	विश्लेषणकर्ता से पूछें कि टीम की प्रक्रियाएँ किस हद तक साझे उद्देश्य का समर्थन कर रही हैं।

विश्लेषक				
	यह देखने में स्वप्नदृष्टा की मदद करें कि दीर्घकालीन लक्ष्य और साझे उद्देश्य आपस में जुड़े हुए हैं।	उपलब्धिकर्ता को समय के लिहाज़ से संवेदनशील कामों में बढ़त लेने की अनुमति दें, साथ ही सलाह व मार्गदर्शन देकर उसका समर्थन करें।	एक बार जब समन्वयक प्रक्रिया को स्थापित कर दे, तो साझे उद्देश्य को हासिल करने के लिए उस प्रक्रिया के भीतर काम करें।	अपनी टिप्पणियों को सकारात्मक और समर्थक रखने तथा टीम की एकता प्रोत्साहित करने के लिए दूसरे विश्लेषकों के साथ काम करें।

9

करिश्मा (आकर्षण) : सफलता का सबसे बड़ा घटक

अपने करिश्मा सूचकांक की जाँच करें

करिश्मा यूनानी शब्द से आया है, जिसका मतलब है "उपहार" या "अहसान।" शब्दकोश में करिश्मा का मतलब है "व्यक्तिगत चुंबकीयता; व्यक्तिगत आकर्षण या प्रभाव से दूसरों में उत्साह, दिलचस्पी या स्नेह प्रेरित करने की योग्यता।" चाहे ऑफ़िस में हो या बाहर, हम करिश्माई व्यक्ति को देखते ही पहचान लेते हैं। लेकिन हमें हमेशा पता नहीं होता कि हम कितने करिश्माई हैं। यह पता लगाने का एक तरीक़ा यहाँ बताया जा रहा है।

निर्देश : दिमाग़ में आने वाले पहले जवाब पर निशान लगाकर हर कथन को एक रैंक दें। ईमानदारी से जवाब देने पर हमें अपनी सक्रिय प्रवृत्तियों की त्वरित तसवीर मिल जाएगी, चाहे यह करिश्माई हो या नहीं हो :

बहुत कम/कई बार/ज़्यादातर

1. सामाजिक और पेशेवर समूहों   %   %   %
    में लोग मेरी ओर खिंचे आते हैं
    और मेरे साथ रहना चाहते हैं।

2. मैं अपनी भावनाएँ खुलकर   %   %   %
    व्यक्त करता हूँ।

3. मैं आत्मविश्वासी हूँ और सामाजिक   %   %   %
व पेशेवर पृष्ठभूमियों में पूरी तरह
सहज-स्वाभाविक रहता हूँ।

4. मैं दूसरों में सच्ची रुचि लेता हूँ और   %   %   %
अपने से भिन्न विचारों का स्वागत
करता हूँ।

5. मैं अपने विश्वासों, मूल्यों, काम और   %   %   %
विश्राम के बारे में ऊर्जावान, उत्साही
तथा जोशीला हूँ।

6. मैं लोगों के आस-पास रहने में   %   %   %
आनंदित होता हूँ, मैं गर्मजोशी से भरा
और दोस्ताना इंसान हूँ तथा मेरा
व्यक्तित्व लुभावना है।

7. मैं तुरंत सोचने और दबाव में अच्छी   %   %   %
तरह प्रतिक्रिया करने में माहिर हूँ।

8. दूसरों को काम करने या बदलने के   %   %   %
लिए राज़ी करना, मनाना और प्रेरित
करना मेरे लिए आसान है।

9. मुझे सार्वजनिक व्याख्यान देने में   %   %   %
मज़ा आता है।

10. लोग मुझे ज़्यादा अच्छी तरह जानना   %   %   %
चाहते हैं।

ग़लतियाँ जो करिश्मे को नष्ट करती हैं

- आत्मविश्वासी या ईमानदार नहीं होना
- कमज़ोर मानवीय संबंध और संवाद योग्यताएँ
- सुनने की ख़राब क़ाबिलियत प्रदर्शित करना; सुनने का नाटक करना या सिर्फ़ प्रतिक्रिया करने के लिए सुनना।

- जब निर्णय लेना चाहिए, तब टालमटोल करना या अनिर्णय की स्थिति

- ग़लतियों के बारे में रक्षात्मक होना या ज़िम्मेदारी नहीं लेना

- पक्षपात करना या धौंस जमाना

- नियंत्रणकारी, दंभी या हठीला बनना

- नकारात्मक नज़रिया रखना, आलोचनात्मक होना और अक्सर शिकायत करना

- बेईमान या कमज़ोर कार्य नैतिकता और संदिग्ध मूल्य

- दूसरों के विचारों की आलोचना करना या उन्हें ग्रहण नहीं करना

- दबाव में तुरंत सोचने और अच्छा प्रदर्शन करने की अक्षमता

- भावना, जोश और उत्साह का अभाव

- ज्ञान का प्रदर्शन करना, घमंडी होना या आत्मविभोर नज़रिया होना

- झूठे वादे करना, खुद की बात से पलटना या दूसरों की गोपनीय बातें गोपनीय नहीं रखना

- व्यक्तिगत और पेशेवर स्तर पर दूसरों के साथ संलग्न नहीं होना या नहीं जुड़ना

- पूछने के बजाय लोगों को आदेश देना या बताना कि क्या करना है

- दूसरों को प्रभावित करने, विश्वास दिलाने और प्रेरित करने की अयोग्यता

- सच्ची कृतज्ञता, प्रशंसा और मान्यता नहीं दिखाना

- एकाग्रता की कमी, अव्यवस्था, काम में चूक होना

- बंद सिरे वाले या अनुचित प्रश्न पूछना

- नकारात्मक बॉडी लैंग्वेज या असामंजस्यपूर्ण व्यवहार का इस्तेमाल करना

- साधारण कहानियों को बताने के लिए ग़ैर-रोमांचक शब्दों का इस्तेमाल करना

छुटपुट बातचीत हमेशा छुटपुट नहीं होती

संवाद की ग़ैर-कारोबारी शैली में एक विशेषता होती है। यह तुलनात्मक रूप से सतही स्तर पर होती है, लेकिन इसमें संबंध बनाने की क्षमता होती है। यह आगे चलकर स्थायी, ज़्यादा गंभीर संबंध की बुनियाद भी बन सकती है। छुटपुट बातचीत में कुशल बनने के लिए ताज़ा घटनाओं का व्यापक ज्ञान ज़रूरी नहीं है। इसमें तो बस सामने वाले व्यक्ति के प्रिय विषय पर ध्यान केंद्रित करने की ज़रूरत होती है - और ऐसे प्रश्न पूछने की, जिनसे उसकी रुचि का पता चले। यह तालमेल बढ़ाने का अचूक तरीक़ा है।

डेल कारनेगी पाँच अलग-अलग प्रश्नों की सलाह देते हैं, जो हम अति-उत्सुक या दख़लंदाज़ी नज़र आए बिना पूछ सकते हैं, ताकि हम संवाद के इस महत्त्वपूर्ण अवसर के बारे में सही दिशा में सोच सकें, जो किसी भी समय प्रकट हो सकता है। मुस्कराने से मदद मिलती है और सच्ची सुखद बातें ही करनी चाहिए; कोई भी चीज़ नक़ली नहीं हो। सामने वाले के गुणों, मूल्यों या उपलब्धियों का अवलोकन करने से त्वरित जुड़ाव बनता है, शायद मतैक्य भी बन जाता है। सामने वाले के समय के बंधनों का सम्मान करें और विवादास्पद विषयों से बचें। विविधता के मुद्दों के प्रति संवेदनशील रहें। विचारशील प्रश्न पूछें।

वर्तमान पल में रहें, सामने वाला जो कह रहा है, उस पर ध्यान केंद्रित करें। संसाधन बनें; यदि सामने वाले को मदद की ज़रूरत हो, तो उससे पूछें कि क्या आप मदद कर सकते हैं। सामने वाले को रुचि की कोई ऐसी बात बताएँ, जिसे वह शायद पहले से नहीं जानता हो। सच्ची प्रशंसा करें। यदि संभव हो, तो अपनी संजीदगी और विचारशीलता दिखाते हुए प्रमाण भी दें।

करिश्मा के तीन घटक

संवाद (कम्युनिकेशन), जुड़ाव (कनेक्शन) और आत्मविश्वास (कॉन्फ़िडेंस) करिश्मा के तीन घटक हैं।

संवाद : हम क्या कहते हैं? हमारी प्रश्न पूछने की योग्यता, सुनने की योग्यता और आँखों का संपर्क क़ायम रखना। सामने वाले के संदर्भ में बोलना। सजीव तसवीरें खींचने वाले शब्दों का इस्तेमाल करना।

जुड़ाव : हम इसे कैसे कहते हैं? शामिल करने और भावना दिखाने की हमारी योग्यता। सच्चा और ईमानदार बनना। दूसरों पर ध्यान केंद्रित करना।

आत्मविश्वास : हम कैसे दिखते हैं? हम कैसे काम करते हैं? हमारी आवाज़ कैसी लगती है? सकारात्मक नज़रिया रखना। उत्साह और व्यक्तिगत शक्ति का संचार करना।

करिश्माई लीडर आम तौर पर इस तरह के गुण दर्शाते हैं, जैसे असाधारण भावनात्मक अभिव्यक्ति, आत्मविश्वास, आत्म-संकल्प और आंतरिक संघर्ष से स्वतंत्रता।

—कॉन्गर और क्रानूनगो की पुस्तक
कैरिज़्मेटिक लीडरशिप :
द इल्यूज़िव फ़ैक्टर इन ऑर्गैनाइज़ेशनल इफ़ेक्टिवनेस से

करिश्माई वक्ता अनुकूलन करता है

कोई भी गिरगिट बनने की सलाह नहीं देता है। बहरहाल, डेल कारनेगी कहते हैं कि करिश्माई वक्ता बनने के लिए हमें अपनी संवाद शैली सामने वाले व्यक्ति के हिसाब से ढाल लेनी चाहिए, ताकि वह आरामदेह हो जाए। सामने वाले की संवाद शैली के आधार पर प्रेरक और प्रभावी वक्ता तालमेल बना लेते हैं। जो विषय सामने वाले के लिए आरामदेह है, उस पर समय गुज़ारें। अपने शब्दों की गति और भाषा सामने वाले की शैली के हिसाब से रखें। सामने वाले की शैली के आधार पर समय के घटक के बारे में चेतन रहें।

ये शैलियाँ कौन सी हैं? शोध बताता है कि लोगों की संवाद शैलियों की आम तौर पर चार श्रेणियाँ होती हैं।

मित्रतापूर्ण शैली ("क्यों?") : अनौपचारिक, दोस्ताना, संबंध-केंद्रित, सहायक, जोशीली, दिली होती है; सकारात्मक फ़ीडबैक पसंद करती है।

विश्लेषणात्मक शैली ("कैसे?") : औपचारिक, योजनाबद्ध, सुनियोजित, तार्किक, आँकड़ों पर केंद्रित होती है; जवाब, विवरण और समाधान चाहती है; प्रमाण पसंद करती है।

रोमांचक शैली ("कौन?") : प्रदर्शनात्मक, अभिव्यक्तिशील मुद्राओं का प्रयोग करती है; बड़ी तसवीर चित्रित करती है और यह सुनना पसंद करती है कि इसमें उनके लिए क्या है।

दबंग शैली ("क्या?") : कार्यकुशल होती है; लक्ष्यों और उद्देश्यों पर ध्यान केंद्रित करती है; दृढ़ दृष्टिकोण और राय होती है; निर्णायक होती है; विकल्प दिए जाना पसंद करती है।

दूसरे हमें करिश्माई मानें, इसमें हमारी छवि हमारी मदद कैसे कर सकती है

हम कैसे दिखते हैं? हमारी पोशाक, हमारी साज-सज्जा, यहाँ तक कि अतिरिक्त वस्तुओं पर भी विचार करें। चेहरे के हावभाव। हमारी आदतन मुद्राएँ।

हम किस तरह काम करते हैं? हमारा व्यवहार, बॉडी लैंग्वेज, नज़रिया और हम अपने चरित्र का कौन सा हिस्सा प्रदर्शित करते हैं।

हम क्या कहते हैं? हमारी शब्दावली, हमारा ज्ञान, हम जो तथ्य पेश करते हैं और हम जो कहानियाँ बताते हैं।

हम इसे कैसे कहते हैं? हमारी आवाज़, सुर, स्वराघात और गति।

अपने करिश्माई सूचकांक को बढ़ाने के लिए पंद्रह सुझाव

1. पहली छाप को अच्छी और यादगार बनाएँ। चेतन रहें कि हम किस तरह खुद को प्रक्षेपित करते हैं। सामने वाले से हाथ मिलाना या सामने वाले का नाम याद रखना जैसी छोटी मुद्राएँ यादगार पहली छवि छोड़ देती हैं।

2. सकारात्मक नज़रिया रखें और सकारात्मक ऊर्जा तथा बॉडी लैंग्वेज प्रसारित करें। खुद के बारे में, दूसरों के बारे में और आम तौर पर जीवन के बारे में आशावादी रहें। हर बातचीत में "जान," जोश और उत्साह फूँकें।

3. तनावरहित रहें और सामान्य बातचीत की भाषा में बात करें। जोश, ऊर्जा और उत्साह से बोलें। ज़ोर देने के लिए विराम का इस्तेमाल करें।

4. तुरंत सोचना सीखें, अप्रत्याशित स्थितियों में तुरंत अनुकूलन करें और दबाव में होने पर अच्छी प्रतिक्रिया करने के लिए तैयार रहें।

5. ज्ञानी और जानकार बनें। यह जानें कि संसार में और ख़ास तौर पर आपकी विशेषज्ञता के क्षेत्र में क्या हो रहा है।

6. अपनी भाषा से आकर्षित करें। हम जो कहते हैं और जैसे कहते हैं, उनके बीच सामंजस्य रखें। विश्वसनीय, सच्चे और ईमानदार बनें। मुखर बनें और स्पष्ट आवाज़ में बोलें, ताकि दूसरे हमारी बात सुन सकें। बेहतरीन कहानियों का उपयोग करें और सजीव चित्र खींचने के लिए छवि–आधारित शब्दों का इस्तेमाल करें।

7. दूसरों के प्रति एकाग्र और ध्यानशील रहकर उन्हें आकर्षित करें। उन्हें यह अहसास कराएँ, मानो वे कमरे में मौजूद एकमात्र और सबसे महत्त्वपूर्ण व्यक्ति हों।

8. दूसरों और ख़ुद के प्रति सम्मानजनक बनें। असहमत होने के बावजूद दूसरों के प्रति सम्मान दिखाएँ। हमेशा आत्म-सम्मान क़ायम रखें। विभिन्न मुद्दों के प्रति संवेदनशील रहें और कूटनीति व निपुणता से बोलें।

9. दूसरों के साथ संबंध बनाएँ और विश्वास स्थापित करें। उनकी बॉडी लैंग्वेज और हाव-भाव का प्रतिबिंबन करके उन्हें आरामदेह बनाएँ।

10. मानवीय बनें। अपनी भावनाओं को महसूस करें और दूसरों की भावनाओं को भाँपें। भावनाओं को अपने कार्यों और भाषा में आने की अनुमति दें। दूसरे लोगों के शब्दों में मौजूद भावनाओं को सुनें और उन पर प्रतिक्रिया करें।

11. कभी दूसरे करिश्माई लोगों से भयभीत नहीं हों। अपने मिशन, स्वप्न और लक्ष्य तक पहुँचने की प्रेरणा और संकल्प क़ायम रखें।

12. विनम्रता और विनय बनाए रखें। दूसरे लोगों की सफलता पर ध्यान केंद्रित करें। अपनी सफलताओं को अपनी तरफ़ से बोलने दें। सच्ची प्रशंसा, मान्यता और सराहना मुक्त कंठ से दें।

13. हम जिस व्यक्ति से मिलते हैं, उसे महत्त्वपूर्ण मानकर बरताव करें। हम

जिन लोगों के संपर्क में आते हैं, उनके प्रति गर्मजोशी और स्वीकृति दिखाएँ।

14. सामान्य से अलग हटकर खड़े हों। तार्किक दृष्टि से विवादास्पद बनें, जोखिम लें और लीक से हटकर विचार रखें।

और पंद्रहवाँ रहस्य? मज़े करें और अच्छा हास्यबोध क़ायम रखें! जब हम अपने जीवन, अपने कामकाज और ख़ुद का आनंद लेते हैं, तो दूसरे हमारी ऊर्जा और उत्साह की ओर खिंचे चले आएँगे।

10

अपनी पहली छाप को बेहतरीन बनाएँ

एक पुरानी कहावत है, "आपको पहली छाप छोड़ने का दूसरा मौक़ा कभी नहीं मिलता है।" सौभाग्य से हम इतने जागरूक बन सकते हैं कि हम सर्वश्रेष्ठ संभव पहली छाप किसी भी समय छोड़ने के लिए हमेशा तैयार रहें।

यहाँ बेहतरीन पहली छाप छोड़ने के बारे में डेल कारनेगी के कुछ अवलोकन दिए जा रहे हैं।

आँखों का संपर्क

आँखों का प्रभावी संपर्क बताता है कि व्यक्ति आत्मविश्वासी, ईमानदार, रुचिवान, नियंत्रण में और बातचीत में आरामदेह है। आँखों के संपर्क की कमी का अक्सर यह मतलब निकाला जाता है कि इस व्यक्ति के पास छिपाने के लिए कुछ है, वह यहाँ नहीं रहना चाहता, वह डरा हुआ है, सहमा हुआ है या शर्मिंदा है। इसका मतलब आनाकानी, बोरियत, घबराहट या बेईमानी भी समझा जा सकता है।

शोध अध्ययन बताते हैं कि नौकरी के इंटरव्यू में जब इंटरव्यू लेने वाला आँखों का संपर्क क़ायम रखता है, तो उम्मीदवार ज़्यादा पूर्ण और अच्छे जवाब देते हैं। कक्षा में पढ़ाई गई बातें विद्यार्थी कितना समझते और याद रखते हैं, इसका संबंध भी शिक्षक की आँखों के संपर्क से सीधे जुड़ा होता है।

बहरहाल, एक उल्लेखनीय अपवाद है। बेहद व्यक्तिगत जानकारी उजागर करते समय हम आम तौर पर आँखों के संपर्क से बचते हैं। अगर आँखों का संपर्क बहुत गहन हो, तो ख़ास तौर पर पुरुष व्यक्तिगत जानकारी कम ही देते हैं।

कारोबार में आँखों के प्रभावी संपर्क का विश्लेषण :

गहनता

निगाह दीर्घ और एकाग्र होती है। इसके साथ ही चेहरे पर नरम भाव होते हैं, बॉडी लैंग्वेज तनावरहित होती है तथा लहज़े में स्वीकृति व मित्रता के संकेत होते हैं, जिनसे रुचि और ध्यान का पता चलता है। यदि नरम करने वाली पृष्ठभूमि नहीं हो, तो लंबी और एकाग्र निगाह जोखिम भरी या आक्रामक भी समझी जा सकती है।

अवस्थिति

जब उद्देश्य विशिष्ट जानकारी देना हो, जिसमें सटीकता पर ज़ोर हो, तो पुतली-से-पुतली वाला आँख का संपर्क आदर्श होता है। बाक़ी स्थितियों में कभी-कभार आँखों का सीधा संपर्क तोड़ना ज़्यादा आरामदेह हो सकता है या अपने केंद्र को थोड़ा सा दूर ले जाया जा सकता है। ज़्यादा नरम संपर्क के लिए अपनी निगाह इन पर केंद्रित करने की कोशिश करें :

- सामने वाले की एक भौंह के ठीक नीचे
- नाक के अंतर पर
- आँख के अंदरूनी कोने के क़रीब

ये सभी आँखों के सीधे संपर्क जैसे महसूस होते हैं, लेकिन इनमें बेअदबी नहीं होती।

सामने वाले की आँखों से नीचे देखने को अक्सर दासता या कम आत्मविश्वास का संकेत मान लिया जाता है, इसलिए आँखों का संपर्क तोड़ते समय निगाह को ऊपर या बाहर की तरफ़ ले जाएँ।

अवधि

इस बारे में "नियम" भूल जाएँ कि आपको कितने सेकेंड तक आँखों का संपर्क क़ायम रखना चाहिए। अगर हम अचेतन रूप से किसी पहले से तय समयसीमा पर ध्यान दे रहे हैं, तो हम सामने वाले के संवाद पर कितना ध्यान दे पाएँगे?

आँखों का संपर्क 60-70 प्रतिशत समय क़ायम रखना अच्छा माना जाता है – अगर याद रखने के लिए विशिष्ट जानकारी संप्रेषित की जा रही हो, तो ज़्यादा भी उचित होता है। उत्कृष्ट दिशानिर्देश यह है कि सारे समय आँखों का संपर्क क़ायम रखें और "विश्राम" की अवधियाँ अल्पकालीन रखें, जब तक कि आपकी निगाह कहीं और ले जाने के पीछे कोई ख़ास कारण नहीं हो।

समूह से संवाद करते समय पूरे समय आँखों का संपर्क क़ायम रखें। आँखों का संपर्क सावधानी से इस तरह करें कि सभी प्रतिभागी शामिल हो जाएँ। चुनौतीपूर्ण लोगों को या आपके दृष्टिकोण से असहमत लोगों को अपनी आँखों के संपर्क में शामिल करें; इससे पता चलता है कि आपमें काफ़ी आत्मविश्वास है। इसमें दूसरों की राय के प्रति आराम और स्वीकृति का स्तर भी निहित होता है।

आँखों का संपर्क सामने वाले व्यक्ति को तोड़ने दें, क्योंकि इससे आम तौर पर हम ज़्यादा शक्तिशाली नज़र आएँगे। वैसे कभी-कभार इसे हमें ख़ुद भी तोड़ना चाहिए, ताकि हम दबंग नज़र नहीं आएँ और सामने वाला व्यक्ति ख़ुद को महत्त्वपूर्ण महसूस करे।

हम आँखों का संपर्क जिस तरह तोड़ते हैं, उससे हम आत्मविश्वास संप्रेषित कर सकते हैं। झटके से आँखें मिलाने-हटाने की गति घबराई हुई या रहस्यमयी नज़र आती है, जबकि ज़्यादा धीमी, ज़्यादा नियंत्रित गतिविधि से आत्मविश्वास प्रकट होता है।

स्थितिवादी परिवर्तनशीलताएँ

जब हम सामने वाले के सामने खड़े या बैठे होते हैं, तो वह आँखों के ज़्यादा संपर्क की अपेक्षा करता है। जब हम अगल-बग़ल में खड़े या बैठे होते हैं, तो वह आँखों के कम संपर्क की अपेक्षा करता है।

हम जितने ज़्यादा क़रीब होते हैं, आँखों का सीधा संपर्क उतना ही ज़्यादा गहन नज़र आता है, इसलिए इसकी कम उम्मीद की जाती है – मिसाल के तौर पर, किसी लिफ़्ट में।

सांस्कृतिक विविधताएँ

अगर सामने वाला आँखों के संपर्क से बचने की स्पष्ट कोशिश कर रहा है, तो इसे जबरन नहीं थोंपें। सामान्य अमेरिकियों की तुलना में कुछ संस्कृतियों (और लोगों में भी) आँखों के संपर्क के बारे में भिन्न अपेक्षाएँ होती हैं। अगर हमें ऐसा अंदेशा हो रहा हो, तो हमें आँखों का संपर्क न्यूनतम करके सामने वाले को आरामदेह बनाना चाहिए, वरना हम आक्रामक और दबंग नज़र आएँगे।

हाथ मिलाना

माना जाता है कि हाथ मिलाने का उद्गम मध्ययुग में युद्ध के मैदानों में हुआ था, ताकि छिपे हुए हथियारों की जाँच के लिए बाँह से बाँह को पकड़ा जा सके। आज मनोवैज्ञानिक संदर्भ में भी हाथ मिलाना इतना ही निरस्त्र करता है। यह एक ऐसा संबंध बनाता है, जो सामने वाले को हमें स्वीकार करने के बारे में ज़्यादा खुला बनाता है और उसे ईमानदारी से संप्रेषण करने के लिए प्रेरित करता है।

एक युनिवर्सिटी के अध्ययन में शोधकर्ताओं ने हवाई अड्डे के फ़ोन बूथ में एक सिक्का छोड़ दिया। जब किसी ने फ़ोन का इस्तेमाल किया, तो शोधकर्ता उसके पास जाकर बोला कि वह ग़लती से अपना सिक्का छोड़ गया था और क्या यह उसे मिला था। आधे से ज़्यादा लोगों ने झूठ बोल दिया। फिर शोधकर्ता ने सिक्के के बारे में पूछने से पहले हाथ मिलाकर अभिवादन किया; बेईमानी भरी प्रतिक्रियाएँ 66 प्रतिशत तक घट गईं!

आज के कारोबारी परिवेश में हाथ मिलाना दूसरों को छूने का एकमात्र सर्वव्यापी सुरक्षित तथा स्वीकारणीय रूप है और यह बहुत शक्तिशाली बंधन जोड़ सकता है। हर मौक़े पर दोनों लिंगों के सहकर्मियों से हाथ मिलाने की पहल करें या उसे स्वीकार करें।

हाथ मिलाने के प्रकरण में फ़र्क़

सामने वाले के हाथ पर अपना दूसरा हाथ लपेटना तब उचित है, जब हमारा इरादा अतिरिक्त स्नेह, बधाइयाँ और संवेदना प्रकट करना हो। इस तरह के हाथ मिलाने का इस्तेमाल तब किया जा सकता है, जब हम किसी पुराने परिचित से दोबारा मिल रहे हों या किसी कारोबारी परिवेश के भीतर व्यक्तिगत चिंता को सूक्ष्मता से व्यक्त करना चाहते हों।

स्पर्श के दूसरे प्रकार

ऊपरी बाँह या कंधे पर स्पर्श हाथ मिलाते समय अंतरंगता के स्तर को बढ़ा देता है। अगर हमें इस बारे में शंका है कि सामने वाला किस अभिवादन की उम्मीद कर रहा है, तो हम पहले अपना हाथ बढ़ा सकते हैं। अगर सामने वाला पक्ष इस संपर्क को गले मिलने में बढ़ा देता है, तो जकड़े हुए हाथ आलिंगन को बहुत अंतरंग होने से रोकते हैं।

यदि हम आलिंगन की संभावना को हतोत्साहित करना चाहते हों, तो थोड़ी ज़्यादा दूरी से हाथ मिलाना शुरू करें। दो शरीरों के बीच जब दूरी ज़्यादा होती है, तो आलिंगन की ओर बढ़ना ज़्यादा मुश्किल होता है। हम अब भी ज़्यादा गर्मजोशी भरे अभिवादन की छाप छोड़ सकते हैं, बशर्ते हम हाथ मिलाने की शुरुआत जल्दी करें और सामने वाले का हाथ सामान्य से थोड़ी ज़्यादा देर तक पकड़े रहें।

विदा लेते वक़्त हाथ मिलाना

चूँकि यह कारोबारी परिवेश में व्यावहारिक दृष्टि से एकमात्र शारीरिक संपर्क है, इसलिए किसी मुलाक़ात के अंत में दोबारा हाथ मिलाना नहीं भूलें। अगर चर्चा सकारात्मक रही है (या अगर आप थोड़ी नकारात्मक चर्चा को ज़्यादा सकारात्मक पहलू पर ख़त्म करना चाहते हैं), तो विदा लेते समय वाले हाथ मिलाने को पहले वाले से थोड़ा ज़्यादा अंतरंग रखें, थोड़ी ज़्यादा सख़्त पकड़ रखें, थोड़े ज़्यादा समय तक हाथ मिलाएँ और/या चेहरे के भाव सकारात्मक रखें, ताकि गर्मजोशी और स्वीकृति सामने वाले तक पहुँच जाए।

बॉडी लैंग्वेज

मुस्कराना

मुस्कराने से लोग हमारे प्रति ज़्यादा गर्मजोशी भरी प्रतिक्रिया करते हैं। इसकी वजह से वे आपके दृष्टिकोण से ज़्यादा सहमत भी हो सकते हैं।

1984 के राष्ट्रपति चुनाव में एक ख़ास टेलीविज़न कमेंटेटर रीगन का ज़िक्र करते वक़्त मुस्कराता था, लेकिन मॉन्डेल का ज़िक्र करते वक़्त नहीं मुस्कराता था। चुनाव के बाद एक सर्वे में यह पाया गया कि उसके दर्शकों ने मॉन्डेल के मुक़ाबले रीगन को बहुत ज़्यादा संख्या में वोट दिया, हालाँकि जनसंख्या की विशेषताएँ समान थीं।

रीगन के पूरे राष्ट्रपतित्व काल के दौरान टीवी पर उनके भाषण में गर्मजोशी भरी, दिल से निकलने वाली मुस्कानें भरी थीं। इसके बाद दोनों पक्षों के दर्शकों को भाषणों के टेप दिखाए गए और उनकी प्रतिक्रियाएँ दर्ज की गईं। जब भी राष्ट्रपति मुस्कराते थे, हर बार दर्शक वीडियो मॉनिटर की ओर देखकर मुस्कराते थे।

जो लोग मुस्कराते हैं, उनके बारे में हमें क्या विश्वास होता है? अध्ययनों से पता चलता है कि ज़्यादातर लोग मुस्कराने को आत्मविश्वास, सक्षमता, परवाह और विश्वसनीयता का संकेत मानते हैं। यह बार-बार प्रमाणित किया गया है कि अदालत में जो मुलज़िम नहीं मुस्कराते हैं, उनके बजाय मुस्कराने वाले मुलज़िमों के साथ जज और जूरी ज़्यादा नरमी से पेश आते हैं।

एक अच्छी मुस्कान में गालों और आँखों दोनों की मांसपेशियाँ शामिल होती हैं - वास्तव में पूरा चेहरा ही शामिल होता है। फ़र्क़ देखने और महसूस करने के लिए दर्पण के सामने मुस्कराने का अभ्यास करें। ज़ाहिर है, पूरे चेहरे वाली सच्ची मुस्कान लाने का सबसे आसान तरीक़ा सामने वाले तथा उसके व्यवहार के बारे में सकारात्मक नज़रिया रखना है।

अंग विन्यास

चूँकि अंग विन्यास सामने वाले को तुरंत दिख जाता है, इसलिए इससे दर्शक में एक त्वरित और अचेतन प्रतिक्रिया उत्पन्न होती है। अध्ययनों से पता

चलता है कि बेहतरीन अंग विन्यास लोकप्रियता, आत्मविश्वास, महत्त्वाकांक्षा, मित्रतापूर्ण और बुद्धि संबंधी सकारात्मक विश्वास जाग्रत करता है।

अंग विन्यास उन लोगों के लिए ख़ास तौर पर महत्त्वपूर्ण होता है, जिन्हें किसी दूसरी कमी की भरपाई करने की ज़रूरत होती है – जैसे जो लोग थोड़े नाटे होते हैं, जिनकी आवाज़ कमज़ोर होती है, जो अच्छे कपड़ों का ख़र्च नहीं उठा सकते, जिनका वज़न ज़्यादा है या जो कम आकर्षक हैं।

अच्छा अंग विन्यास रखने से हम मानसिक रूप से ज़्यादा तीक्ष्ण भी बनते हैं, क्योंकि इससे हमारे फेफड़े ज़्यादा प्रभावी ढंग से काम करते हैं और आपके मस्तिष्क तक ज़्यादा ऑक्सीजन पहुँचती है।

खड़े होने की मुद्रा

अगर हम अपने धड़ को लंबा करके अधिकतम ऊँचाई तक तन सकें, तो इस छोटे से सुधार से ही हमारे क़द में एक इंच जुड़ सकता है... और इससे हमारी पेशेवर छवि में भारी इज़ाफ़ा हो सकता है। इस तकनीक का तब तक अभ्यास करें, जब तक कि इसकी आदत नहीं पड़ जाए।

कंधे चौकोर रखकर एक दीवार से टिककर खड़े हो जाएँ और इसका अभ्यास करें; पीछे तब तक दबाव डालें, जब तक कि दोनों कंधे दीवार से छूने नहीं लगें। इस शारीरिक अवस्था को क़ायम रखते हुए दीवार से दूर हट जाएँ। हालाँकि पहलेपहल यह अस्वाभाविक लग सकता है, लेकिन अभ्यास के साथ यह ज़्यादा आरामदेह हो जाएगा।

टिप्पणी : बगल में हाथ लटकाकर खड़े होना अच्छा रहता है और अपने हाथों की स्थिति को देखें। अगर वे स्वाभाविक रूप से शरीर की तरफ़ अंदर हैं और हथेलियाँ पीछे की तरफ़ आराम की मुद्रा में हैं, तो हमें ज़्यादा चौकोर कंधे वाली मुद्रा विकसित करने पर ख़ास ध्यान देने की ज़रूरत है।

दोनों पैरों पर बराबर वज़न केंद्रित करके संतुलित हुलिया रखें। पंजों की तरफ़ हल्के से वज़न पहुँचाकर और थोड़ा सा आगे झुकने से यह सूक्ष्म प्रभाव पड़ता है कि हम बहुत रुचि और ध्यान दे रहे हैं।

बैठने की मुद्रा

ऊर्जावान और सक्रिय रूप से व्यस्त दिखने के लिए कुर्सी में धँसकर नहीं बल्कि थोड़ा आगे और सधे हुए ढंग से बैठें। शरीर को अपेक्षाकृत संतुलित रखें लेकिन पूरी तरह से एक रेखा में नहीं। एक बिलकुल सीधी अवस्था में बैठना विचित्र और शर्मनाक दिखता है। सुकूनभरा आत्मविश्वासी दिखने के लिए बाँहों को ढीली-ढाली स्थिति में रखें।

सिर की गतिविधियाँ

हम अपनी पेशेवर छवि को बढ़ाने के लिए अपने दिमाग़ के साथ-साथ अपने सिर का भी इस्तेमाल कर सकते हैं। ज़्यादा लंबे या नाटे व्यक्ति के साथ आँख का संपर्क बनाने के लिए अपने सिर को थोड़ा मोड़ लें। नीचे नज़र डालकर देखना घमंडी या अपमानजनक लगता है; ऊपर देखना दब्बूपन या याचना जैसा लगता है।

हमें यह सलाह दी जाती है कि अपना सिर एक तरफ़ झुकाने के बजाय इसे तानकर रखना चाहिए। किसी तरफ़ सिर झुकाने का मतलब यह निकाला जा सकता है कि हम दुविधा में हैं, ज़्यादा बुद्धिमान नहीं हैं या रोमांस का इरादा रख रहे हैं। सहमति में सिर ऊपर-नीचे करने से बचें; इससे सामने वाले को यह लग सकता है कि हम खुश करने के लिए बहुत उतावले हैं। इसके बजाय धीमे, उद्देश्यपूर्ण ढंग से सिर हिलाकर, बोलकर या भौंह उठाकर सहमति की पुष्टि करें।

दूसरे लोगों के शारीरिक संकेतों को पढ़ना

बॉडी लैंग्वेज आम तौर पर शब्दों से ज़्यादा ईमानदार संदेश देती है। किसी अकेली मुद्रा या गतिविधि का मूल्यांकन नहीं करें, बल्कि संकेतों के पैटर्न पर निगाह रखें, जो बोले गए संवाद की पुष्टि या विरोध करता है।

आम तौर पर तनावरहित बाँहें, खुली हथेलियाँ, चेहरे के नरम भाव, आँखों का संपर्क, मुस्कानें और आगे की तरफ़ झुकने जैसे "खुले" संकेतों की व्याख्या सामने वाला व्यक्ति इस अर्थ में करता है कि आप उसे और उसकी प्रतिक्रिया को स्वीकार कर रहे हैं।

मुड़ी बाँहें, भिंची मुट्ठियाँ, सख़्त जबड़ा या तनी भौंह, आँख नहीं मिलाना, भृकुटि तानना और दूर हटने जैसे "बंद" संकेत आम तौर पर शत्रुता, अस्वीकृति और आनाकानी का सामूहिक संदेश भेजते हैं।

11

नए लोगों से मिलना बेहतरीन जीवन के लिए अनिवार्य है

नए लोगों से मिलना ज़्यादा आसान होता है, अगर हम दिमाग़ में ख़ुद से बस दो प्रश्न पूछें : "मैं इस व्यक्ति से क्या जानना चाहता हूँ?" और "मैं कौन से आदर्श प्रश्न पूछ सकता हूँ?"

एक पुराना चुटकुला है, जिसमें क्लब में किसी से मिलने के पर यह प्रश्न पूछा जाता है, "क्या आप यहाँ अक्सर आते हैं?" वास्तव में, अगर आप इसे गंभीरता से पूछ सकें, तो यह आदर्श रूप से अच्छी शुरुआत है, लेकिन यह प्रश्न चर्च के रात्रिभोज या पार्टी में निश्चित रूप से नहीं चल सकता, हालाँकि यह जिम में कारगर हो सकता है।

पार्टी में चर्चा को बदलकर नया बनाएँ

नए लोगों से मिलते वक़्त यह याद रखें कि जब दूसरे हमसे ईमानदारी से पूछते हैं कि हमारी ज़िंदगी में क्या चल रहा है, तो हम सभी को बहुत अच्छा लगता है। लेकिन हम बातचीत शुरू करने की पारंपरिक चालों का इस्तेमाल किए बिना ही अपनी रुचि दिखा सकते हैं, जिनका इस्तेमाल कई पीढ़ियों से किया जा रहा है। सृजनात्मक बनना ज़्यादा मुश्किल नहीं है और इससे लाभ होता है। मिसाल के तौर पर, परिचय के बाद सृजनात्मक प्रश्नों में पारिवारिक नाम यानी सरनेम का अर्थ या उद्गम पूछने से पहला प्रभाव अच्छा पड़ता

है। इससे बातचीत उन जगहों और इलाक़ों की ओर जा सकती है, जहाँ हम गए हैं या जाना चाहते हैं।

परिवार में बच्चों के नाम पूछने से अक्सर इस तरह की बातचीत शुरू हो सकती है कि नाम कैसे चुने गए और उनका क्या मतलब होता है। परिवार में पालतू जानवरों के बारे में सवाल भी बातचीत शुरू करने के लिए उपयोगी होते हैं। जानवरों के नाम अक्सर हँसी-मज़ाक़ और सद्भावपूर्ण बातचीत के लिए भी अच्छे होते हैं, ख़ास तौर पर अगर दोनों पक्ष एक ही प्रजाति से प्रेम करते हों।

"आप कैसे हैं?" ही नहीं, बल्कि "आप इसे कैसे करते हैं?"

अपने नए परिचित के घर का पता लगने से उस इलाक़े के परिवारों की गतिविधियों के बारे में प्रश्न पूछे जा सकते हैं - मकान की उम्र और शैली, उपलब्ध ज़मीन आदि के बारे में सामान्य सवाल। बातचीत की यह दिशा कई लोगों के दिली शौक़ की ओर ले जा सकती है : बागवानी। खेल या धर्म पर बातचीत के विपरीत, गुलाब के प्रति हमारा रुझान हमारे साथी के रोंगटे नहीं खड़े करेगा, जो आइरिस के पौधे से लाड़ करता है।

"आप कैसे हैं?" बहुत पुराना सवाल है और इसे छोड़ने का समय आ गया है। लोगों की नौकरियों में मशीनी नहीं, बल्कि असली रुचि दिखाना ताज़गी भरा हो सकता है, ख़ास तौर पर अगर उनके परिवार ने बहुत पहले ही इस बात में रुचि लेना छोड़ दिया है कि वे हर सुबह घर से निकलकर क्यों जाते हैं। संभावना इस बात की है कि नए परिचित की नौकरी हमारी नौकरी से मिलती-जुलती नहीं होगी। संभावनाओं का कितना बड़ा ख़ज़ाना है! "पिछले कुछ सालों में इंजीनियरिंग के क्षेत्र में कौन से बदलाव हुए हैं?" "क्या आपको लगता है कि कंप्यूटर से नियमित रूप से निगाह ऊपर उठाना आपकी आँखों के लिए अच्छा है, जैसा लोग कहते हैं?" "वेट्रेस के रूप में आप अपने ग्राहकों के ऑर्डर देने की प्रवृत्ति में क्या कोई परिवर्तन देखती हैं?" "आप अपने क्षेत्र में नए आने वाले व्यक्ति को क्या सलाह देना चाहेंगे?"

"वह आख़िरी जगह कौन सी थी, जहाँ आप गए थे?" इस प्रश्न से एक जीवंत बातचीत छिड़ सकती है, चाहे हम उस जगह गए हों या यह जानने

को उत्सुक हों कि हमें वहाँ क्यों जाना चाहिए। यह बातचीत कई अलग-अलग समृद्ध राहों की ओर फैल सकती है, जैसे भोजन, संगीत, पौधे, भाषाएँ आदि। हमारा नया परिचित कारोबार के सिलसिले में कहाँ यात्रा करता है, यह पता लगाने से भी अच्छी बातचीत का परिणाम मिल सकता है। "क्या आप रोम में किसी रेस्तराँ को जानते हैं, जहाँ अँग्रेज़ी बोली जाती हो और बच्चों का स्वागत किया जाता हो?" "क्या वे मुझे हॉलैंड से पौधे भेजेंगे, अगर मैं वहाँ रहते समय उन्हें चुन लेता हूँ?" "क्या चीन में निजी ड्राइवर किराए पर लिया जा सकता है?" "क्या आपको मिस्र में अपनी सुरक्षा की चिंता नहीं थी?"

संगीत, टीमें और मुश्किल

जब हम बातचीत शुरू करने की तैयारी कर रहे हों, तब अगर संगीत बज रहा है, तो इस पर टिप्पणी करना ठीक रहता है। हम हमेशा संगीत के बारे में कोई ना कोई अच्छी बात कह सकते हैं; यह जीवंत हो सकता है, भले ही हम किसी दूसरे क़िस्म के संगीत को ज़्यादा पसंद करते हों। "जब मैं अपनी पहली मस्टैंग में चलता था, उसके बाद से मैंने इसे नहीं सुना" जैसे वाक्य से बेशक सम्मोहक यादों का दौर शुरू हो जाएगा। "मैं इसे बस अपनी माँ को चिढ़ाने के लिए बजाता था" से निश्चित रूप से हँसी मिलेगी और रोचक बातों का सिलसिला शुरू हो सकता है। संगीत के संदर्भ मूल्यवान होते हैं, क्योंकि वे रोचक दिशाओं में ले जा सकते हैं। "अगर यह थोड़ा ज़्यादा तेज़ होता, तो हम लिम्बो नृत्य कर सकते थे, जैसा हमने अपनी पिछली समुद्री सैर में किया था," या "मेरी बेटी ने मेरे आईपॉड पर यह गाना डालने की कोशिश की, लेकिन डाइलैन ने वह जगह जीत ली।"

खेल संबंधी बातचीतें भी शौकों की तरह ही जीवंत बन सकती हैं। कई बार उल्लेखनीय की-चेन या बम्पर स्टिकर या बेसबॉल कैप देखने से बातचीत की गति बढ़ सकती है, लेकिन सिर्फ़ तभी, जब हम प्रतिद्वंद्वी टीम के बारे में खेल भावना रख सकें।

और फिर राजनीति का विषय भी है, जो शार्क मछलियों से भरा है। पारंपरिक दृष्टि से इस विषय पर बातचीत की मनाही होती है और इसके पीछे अच्छा कारण है - जब तक हमें काफ़ी अच्छा अंदाज़ नहीं हो कि हम जिससे बात कर रहे हैं, वह भी हमारी ही पार्टी को वोट देता

है या असाधारण रूप से खुली मानसिकता वाला है। व्यापक सामाजिक मुद्दे – बहुत व्यापक – ज़्यादा सुरक्षित क्षेत्र होते हैं। संसार के दूर-दराज के इलाकों में हो रही घटनाओं के बारे में संयत टिप्पणियाँ भी सुरक्षित होती हैं। लेकिन ये विषय भी घरेलू विवादों की ओर मुड़ सकते हैं, चाहे यह कितना ही विनम्रतापूर्ण क्यों नहीं हो, जो अक्सर इस बात पर निर्भर करता है कि कितनी शराब गले के नीचे उतर चुकी है।

इसलिए हमें इन सामाजिक स्थितियों में सावधान तो रहना चाहिए, लेकिन बहुत ज़्यादा नहीं हिचकना चाहिए, वरना हम एक सफल "संयोगवश" मीटिंग की भारी संभावना को चूक सकते हैं, जो कारोबारी संपर्क से लेकर विवाद तक ले जा सकती है।

और यह नहीं भूलें कि अगर बातचीत में ख़ामोशी इतनी बड़ी हो जाए कि उसमें से एक हाथी निकल जाए, तो यह कहना पूरी तरह से सम्मानजनक होता है, "मेरे टमाटर बारिश की दुआ कर रहे हैं!"

विश्वसनीय बात शुरू करने वाले

शुरुआती चर्चा थम नहीं जाए, इसके लिए कुछ वाक्य पास में रखना हमेशा अच्छा होता है, ख़ास तौर पर अगर स्थिति तनावपूर्ण या चिंताजनक हो। यहाँ कुछ वाक्य दिए जा रहे हैं, जिनकी डेल कारनेगी सलाह देते हैं : "किस तरह से?" "मुझे एक उदाहरण दें।" "कैसे?" "मुझे इस बारे में ज़्यादा बताएँ।" "क्या आप इसे किसी अलग तरीक़े से कह सकते हैं?" "इस शब्द के बहुत सारे अलग-अलग अर्थ हैं। क्या आप मुझे बता सकते हैं कि आपके लिए इसका क्या मतलब है?"

मतैक्य की ओर ले जाने वाली "सीढ़ियाँ" भी होती हैं। यहाँ कुछ बताई जा रही हैं :

सामने वाले व्यक्ति की ओर देखें। प्रश्न पूछें। बीच में बात नहीं काटें। विषय न बदलें। नियंत्रित भावनाएँ व्यक्त करें। उचित प्रतिक्रिया करें।

विनम्रता से "सेंध" कैसे लगाएँ

पुल बनाने या खुद का नरमी से परिचय देने में प्रयुक्त वाक्यों के कुछ उदाहरण हैं :

"मैंने अभी-अभी सुना कि आप... के बारे में बोल रहे थे।" "क्या आप... के हैं।" "शायद मैंने यह सुना कि आप हाल में न्यू यॉर्क गए थे।" "आपने अभी-अभी... के बारे में बोला, जो मुझे रोचक लगा।"

आगे बढ़ना : किसी बातचीत से बाहर निकलने के संभावित तरीक़े

किसी बातचीत में शालीनता से दाख़िल होना जितना मुश्किल होता है, उससे बाहर निकलना अक्सर ज़्यादा मुश्किल होता है। यहाँ कुछ मददगार वाक्यों पर ग़ौर करें :

"आपसे बातचीत करना बेहतरीन रहा। मैं कुछ समय से उस व्यक्ति से संपर्क करने की कोशिश कर रहा हूँ, इसलिए कृपया मुझे माफ़ करें।"

"मैं जाकर उस व्यक्ति से एक प्रश्न पूछना चाहता हूँ। आपसे बात करना अच्छा लगा।"

"मुझे किसी चीज़ पर ध्यान देना है। आपसे मुलाक़ात करना अच्छा लगा।"

"कृपया मुझे माफ़ करें। इसी समय मैं एक सहकर्मी से मिलने वाला हूँ। आपसे मिलकर ख़ुशी हुई।"

सचमुच सुनने के लिए सुनना

हम जो बोलते हैं, वह इस बात का सबूत है कि हम कितनी अच्छी तरह सुनते हैं।

—मार्शल गोल्डस्मिथ

अच्छे श्रोता बनें। डेल कारनेगी कहते हैं कि सुनने के पाँच स्तर होते हैं : सुनने का नाटक करना, प्रतिक्रिया करने के लिए सुनना, सीखने के लिए सुनना, समझने के लिए सुनना और परानुभूतिपूर्वक सुनना।

डेल कारनेगी का सुझाव है कि इस तरह सुनें, मानो हमारे सुनने के बाद एक क्विज़ होने वाली हो। हम जो सुनते हैं, उसे सही सुना है, यह सुनिश्चित करने के लिए अपने शब्दों में वह बात दोहराने की कोशिश करें।

बोलने के ढंग पर नहीं, बल्कि संदेश पर ध्यान केंद्रित करें। अपने दिमाग़ को यथासंभव बंद कर दें।

हम सचमुच कितने अच्छे श्रोता हैं, यह पता लगाने के लिए हम नीचे दिए प्रश्नों का जवाब "हमेशा, आम तौर पर, कभी-कभार, या शायद ही कभी" देकर अपना स्कोर जान सकते हैं।

1. मैं पाता हूँ कि मुझे लोगों के जानकारी दोहराने की ज़रूरत होती है।

2. दूसरों के बजाय मुझे ग़लत संप्रेषण की घटनाओं का ज़्यादा अनुभव होता है।

3. अगर लोग धीरे बोलते हैं या विषय नीरस होता है, तो मैं लोगों की बात सुनना छोड़ देता हूँ।

4. मैं दूसरों के वाक्य पूरे करता हूँ।

5. मैं ग़ौर करता हूँ कि लोग अपूर्ण अपेक्षाओं या आगामी कार्यवाही के अभाव के संबंध में मुझसे अपनी कुंठा व्यक्त करते हैं।

6. लोग जो कह रहे हैं, मेरी टिप्पणियाँ उन्हें उससे दूर ले जाती हैं।

7. दूसरे लोगों की बात सुनते समय मुझमें मल्टी-टास्किंग की प्रवृत्ति रहती है।

8. मैं वक्ता से स्पष्टीकरण माँगने में असहज महसूस करता हूँ।

9. जब कोई मेरे पास समस्या लेकर आता है, तो मुझमें इसे दुरुस्त करना चाहने या सलाह देने की प्रवृत्ति होती है।

10. मैं ध्यान देने का नाटक करता हूँ।

11. मैं वक्ता की बात पूरी होने से पहले ही मन में एक प्रतिक्रिया सोच लेता हूँ।

12. जो कहा जा रहा है, उसे याद रखने के लिए मुझे नोट्स लेने की ज़रूरत होती है।

13. मैं वक्ता के हुलिये के आधार पर मान्यताएँ बना लेता हूँ।

14. जब कोई मुझसे बात करता है, तो मेरा ध्यान आसानी से भटक जाता है।

15. बातचीत के दौरान मुझमें ज़्यादातर बातचीत करने की प्रवृत्ति होती है।

16. मैं ऐसे प्रश्न पूछता हूँ, जिनसे यह संकेत मिलता है कि मैं सामने वाले की बात नहीं सुन रहा था।

17. मैं वक्ता के प्रति खुला और स्वीकार करने वाला नज़रिया प्रदर्शित करता हूँ।

18. मैं कामकाज में महत्त्वपूर्ण संप्रेषणों पर फंदे में फँस जाता हूँ।

19. जब कोई मुझसे प्रश्न करने आता है, तो मैं पूरा ध्यान देता हूँ।

20. जो कहा जा रहा है, मैं उस पर ध्यान केंद्रित करता हूँ, भले ही उसमें मेरी कम रुचि हो।

21. मैं सामने वाले का दृष्टिकोण सुनता हूँ, भले ही मैं उससे असहमत हूँ।

22. मैं वक्ता के साथ आँखों का संपर्क क़ायम रखता हूँ।

23. जो लोग मुझसे असहमत होते हैं, मैं उनका दृष्टिकोण समझने की कोशिश करता हूँ।

24. किसी ने जो कहा है, मैं उसका सार संक्षेप में और सटीकता से व्यक्त कर सकता हूँ।

25. मैं प्रतिक्रिया करने से पहले सामने वाले को पूरी तरह स्पष्ट करने का मौक़ा देता हूँ।

26. मैं ग़ैर-शाब्दिक संकेतों के लिए वक्ता पर निगाह रखता हूँ।

27. मैं आलोचना के प्रति खुला रहता हूँ।

28. मैं वक्ता को शाब्दिक या ग़ैर-शाब्दिक प्रोत्साहन देता हूँ।

29. मैंने संदेश की व्याख्या सही की है, यह सुनिश्चित करने के लिए मैं जाँच करता हूँ।

30. मैं सामने वाले की जगह खुद को रखकर बोलने वाले व्यक्ति के "साथ रहने" की कोशिश करता हूँ।

सुनने की योग्यताओं की स्कोरिंग

प्रश्न 1-16

- 1 पॉइंट -हमेशा
- 2 पॉइंट -आम तौर पर
- 3 पॉइंट -कभी-कभार
- 4 पॉइंट -शायद ही कभी

प्रश्न 17-30

- 4 पॉइंट -हमेशा
- 3 पॉइंट -आम तौर पर
- 2 पॉइंट -कभी-कभार
- 1 पॉइंट -शायद ही कभी

परिणाम

- 105-120 — आप कुशल श्रोता हैं। सुनने की अपनी योग्यताओं के बारे में आपका आकलन सही है, यह सुनिश्चित करने के लिए किसी दूसरे की राय हासिल करें।
- 95-104 — सुनना आपके लिए एक शीर्ष प्राथमिकता है।
- 85-94 — आप तब सुनते हैं, जब यह आपके लिए आरामदेह होता है।
- 75-84 — आप कभी-कभार सुनने वाले श्रोता हैं।
- 75 से कम — आप बेहद ईमानदार हैं और आपमें सुधार की बहुत गुंजाइश है।

12

एक महान जीवन पीढ़ियों के
पार संप्रेषित होता है

पीढ़ियों के आपसी संप्रेषण के मामले में बड़ा ख़तरा यह रहता है कि हर पीढ़ी को यक़ीन होता है कि यह जानती है कि दूसरा *सचमुच* कैसा है। मिसाल के तौर पर, बड़ी उम्र वाले हम लोगों को लगता है, हम जानते हैं कि किसी युवक द्वारा संचालित कंपनी की बोर्ड मीटिंग में जाना कैसा होगा, ठीक है? हम जानते हैं कि मीटिंग में हर कोई ट्विटर पर होगा, अपने स्मार्ट फ़ोन में घुसा होगा, अपने विचारों का टेक्स्ट मैसेज कर रहा होगा; उसका सिर झुका होगा, अँगुलियाँ व्यस्त होंगी।

हम जानते हैं कि हम इस तरह की मीटिंग को पसंद नहीं करेंगे। निश्चित रूप से हम उस मीटिंग को ज़्यादा पसंद करेंगे, जहाँ सीईओ मीटिंग को औपचारिक बनाए और "कंपनी में चल रही चीज़ों" के बारे में कुछ लिखित पन्ने पेश करे।

आश्चर्य! फ़ेसबुक के सीईओ मार्क ज़करबर्ग बोर्डरूम में पीले लीगल काग़ज़ से ही अपनी बोर्ड बैठकें शुरू करते हैं और वे ऐसा तब भी करते थे, जब फ़ेसबुक शुरू हो रहा था।

और मार्क की उम्र छब्बीस साल है।

तो मानसिक रूढ़ियों का यह हश्र होता है!

अप्रत्याशित की तलाश करना

लोगों की औसत उम्र बढ़ने की वजह से अब यह असामान्य नहीं रह गया है कि किसी बैठक, परिवार या ऑफ़िस में चार अलग-अलग पीढ़ियों के लोग शामिल हों और सभी उन्हीं चार दीवारों के भीतर हिल-मिलकर चलने की उम्मीद कर रहे हों। शोध हमें बताता है कि दो या अधिक लोगों के बीच होने वाला संवाद उनके संबंध को परिभाषित करता है।

हमारे समाज में नाती-पोतों को बड़ा करने के लिए दादा-दादी को भी बुलाया जाता है, इसलिए स्पष्ट संवाद दोगुना महत्त्वपूर्ण है। संवाद की बदौलत परिवार के सदस्य अपनी परिवर्तनशील आवश्यकताएँ बताने में सक्षम बनते हैं। यह वह साधन भी है, जिससे हर व्यक्ति सीख सकता है कि संसक्त इकाई के रूप में अच्छी तरह काम कैसे किया जाता है। यह एकांगी मार्ग नहीं है। सिर्फ़ बच्चों को ही समझने के इरादे से काम नहीं करना चाहिए। बड़ी पीढ़ियों को भी अपने नाती-पोतों की अनूठी चुनौतियों को समझना चाहिए, जिनमें से मुख्य तीन ये हैं : नशीले पदार्थ, हिंसा और यौन गतिविधि।

इंग्लैंड में लर्निंग टेक्नोलॉजी रिसर्च इंस्टीट्यूट के संचालक टॉम बॉयल ने दूसरों के साथ संबंध बनाने की योग्यता के लिए नेटवर्क कोशिएंट या एनक्यू शब्दावली ईजाद की थी। बॉयल के अनुसार पीढ़ियों में आपसी संवाद के मामले में एनक्यू आईक्यू से ज़्यादा महत्त्वपूर्ण होता है। अगल-बग़ल में रह रही और काम कर रही हर पीढ़ी की अपनी अनूठी मानसिकता, कार्यशैली और संवाद का तरीक़ा होता है। इन खाइयों पर पुल बनाए बिना किसी भी तरह की पारिवारिक या कामकाजी टीम संभव नहीं होती।

चाहे परिवार में हो, समाज में हो या कार्यक्षेत्र में हो, नीचे पीढ़ीगत समूहों की वर्तमान सूची दी जा रही है।

परंपरावादी या अनुभवी : परंपरावादी 1925 और 1944 के बीच पैदा हुए थे। उनकी उम्र 65 साल या इससे ज़्यादा है। कार्यबल में उनकी संख्या लगभग 75 मिलियन है। हम उनके साथ संवाद करते वक़्त "हम" या "हमारा" जैसी जोड़ने वाली भाषा के ज़रिये विश्वास बनाते हैं। शब्द पूर्ण सत्य होते हैं। उन्हें औपचारिक होना चाहिए और बॉडी लैंग्वेज के सामंजस्य में होना चाहिए। वे विश्वास किए बिना अपने विचार नहीं बताएँगे और उन्हें

अपने समय की बरबादी पसंद नहीं आती। वे आमने-सामने के या लिखित संवाद को ज़्यादा पसंद करते हैं।

बेबी बूमर्स : 1945 और 1964 के बीच जन्मे बेबी बूमर्स की उम्र 46 से 64 के बीच होती है और कार्यबल में इनकी संख्या लगभग 80 मिलियन है। उनके साथ हम बहुत सारी बॉडी लैंग्वेज का इस्तेमाल करते हैं और खुली व सीधी भाषा में बात करते हैं। हम स्पष्टता से और पूरी तरह सवालों के जवाब देते हैं। हम यह उम्मीद कर सकते हैं कि वे विवरणों के लिए हम पर दबाव डालेंगे। हम नियंत्रणकारी, चालाकी भरी भाषा का इस्तेमाल नहीं करते हैं। हम लचीली सोच दिखाने के लिए विकल्प माँगते या प्रदान करते हैं। हम आमने-सामने के या इलेक्ट्रॉनिक संवाद का इस्तेमाल करते हैं।

जेनरेशन एक्स : 1965 और 1981 के बीच जन्मे जेनरेशन एक्स पीढ़ी के लोगों की उम्र 27 से 45 के बीच होती है। कार्यबल में इनकी संख्या लगभग 46 मिलियन है, जो अमेरिकी श्रम विभाग के अनुसार कर्मचारियों का सबसे छोटा समूह है। हम उनकी भाषा सीखते और बोलते हैं। हम अपनी बात इतनी संक्षिप्त रखते हैं, ताकि वे हमारी बात पर पूरा ध्यान दें। हम उन्हें चुनौती देते हैं और उनकी राय माँगते हैं। हम उन्हें जानकारी तुरंत बताते हैं। हम अक्सर एक अनौपचारिक संवाद शैली का इस्तेमाल करते हैं। हम उनकी रायों को सुनते हैं और सम्मान दिखाते हैं। हम मूल संवाद के लिए ईमेल का इस्तेमाल करते हैं।

मिलेनियल्स या जेनरेशन वाय : ये 1980 से 2000 के बीच पैदा हुए हैं। मिलेनियल्स की उम्र 7 से 27 के बीच है और कार्यबल में इनकी संख्या 76 मिलियन है। हम उन्हें प्रेरित, प्रोत्साहित और केंद्रित रखने के लिए शब्दों से चित्र खींचते हैं। उन्हें चुनौती देने के लिए हम कार्य से संबंधित क्रिया-शब्दों का इस्तेमाल करते हैं। हम उन्हें कभी नीचा नहीं समझते हैं, बल्कि अपनी भाषा से सम्मान जताते हैं। हम लगातार उनका फ़ीडबैक माँगते हैं, हास्यबोध का इस्तेमाल करते हैं, उन्हें दायरे के बाहर सोचने के लिए प्रोत्साहित करते हैं और नए मार्गों या विकल्पों की पड़ताल करने की चुनौती देते हैं। उनसे संप्रेषण करते वक़्त हम बुनियादी संवाद औज़ार के रूप में ईमेल, टेक्स्ट मैसेज, आईएम और वॉइस मेल का इस्तेमाल करते हैं।

स्वस्थ भिन्नताओं से विकास प्रोत्साहित होता है

डेल कारनेगी की प्रणाली भिन्न पीढ़ियों का सम्मान करने, क़द्र करने और तादात्म्य बनाने के लिए अंतर्दृष्टि प्रदान करती है। जब हम एक दूसरे के साथ ज़्यादा प्रभावी ढंग से जुड़ना और संवाद करना सीख लेते हैं, तो दरअसल भिन्नताओं को हानिकारक के बजाय स्वस्थ के रूप में देखा जा सकता है, जिससे नवाचारी समाधानों पर सहयोग के रोमांचक अवसर उपलब्ध होते हैं।

पीढ़ियों के बीच सफल संबंध तब ज़्यादा संभव होते हैं, जब दोनों ही पीढ़ियों के लोग नीचे दिए गए सुझावों पर अमल करें :

- पीढ़ियों की भिन्नताओं में रुचि लें। उन्हें बिना सोचे-समझे ख़ारिज ना कर दें।

- अपनी खुद की पीढ़ी को जानें। दूसरी पीढ़ी में हमारी पीढ़ी से अलग विशेषताएँ होती हैं, जिनसे हमें हैरानी हो सकती है। उनके बारे में जागरूक बनने से निश्चित रूप से आपकी आँखें और नज़रिये खुल जाएँगे।

- दूसरी पीढ़ियों और उनकी विशेषताओं को जानें, कम से कम सामान्य तौर पर।

- दूसरी पीढ़ियों के साथ संघर्षों से उपजे द्वेष को क़ायम नहीं रखें।

- विभिन्न पीढ़ियों के प्रति सकारात्मक भावनाएँ रखें। दूसरे शब्दों में, नकारात्मक भावनाओं को पोषण नहीं दें और जब भी सकारात्मक भावनाएँ उपजें, तो उन्हें प्रोत्साहित करें।

- अपने विचारों, भावनाओं और व्यवहार पर ध्यान केंद्रित करें। अविचारित प्रतिक्रियाओं से संचालित होकर अचेतन रहने के बजाय ध्यानपूर्ण बनें।

- यह पहचानें कि हमारी अनुभूतियाँ हमारे संपर्कों को कैसे प्रभावित करती हैं। और देखा जाए तो अनुभूति ही सब कुछ है।

- हमारे व्यवहार का दूसरी पीढ़ियों पर कैसा प्रभाव पड़ता है, इस बारे में जागरूक बनें।

यह एक बार का मामला नहीं है

निश्चित सकारात्मक नज़रियों, सिद्धांतों और अवधारणाओं का लगातार पालन करना होता है, तभी खुद से भिन्न लोगों के साथ व्यवहार में सफलता और प्रभावकारिता मिलती है। एक ही झटके में बहुत कम चीज़ें अचानक एकदम नए व्यवहार में बदलती हैं।

यहाँ विभिन्न पीढ़ियों के लोगों को समझने के लिए कुछ मूल्यवान कुंजियाँ दी जा रही हैं :

यदि आप परंपरावादी हैं (1925-1944) और अगर आप दूसरे परंपरावादी लोगों से बात कर रहे हैं, तो आप एक ऐसे तंत्र में अच्छी तरह मिलकर काम करते हैं, जहाँ आप एक-दूसरे के दर्जे को जानते हों। आपको अद्यतन रहने के लिए एक दूसरे से विचार माँगने चाहिए और हिल-मिलकर चलने के लिए मानव संबंधों की योग्यताओं का इस्तेमाल करना चाहिए।

बूमर लोगों से बात करते समय आपको गर्मजोशी भरा और दोस्ताना होना चाहिए। आप सवाल पूछते हैं और उन्हें यह नहीं बताते हैं कि क्या करना है। आपको उन्हें यह बताने देना चाहिए कि काम कैसा चल रहा है, फिर सुधार के बारे में सुझाव देने की अनुमति माँगनी चाहिए।

एक्स पीढ़ी के लोगों से बात करते वक़्त आपको यह पहचान लेना चाहिए कि स्वतंत्रता उनके लिए तार्किक है। आप उन्हें आवश्यक अंतिम परिणाम बता देते हैं और फिर उन्हें जवाबदेह बना देते हैं। आपको उन्हें उनके तरीक़े से काम पूरा करने की स्वतंत्रता देनी चाहिए।

मिलेनियल पीढ़ी के लोगों से बात करते समय आपको अहसास करना चाहिए कि यह वह पीढ़ी है, जो दरअसल आपके जैसी सबसे ज़्यादा है, जिसमें नागरिक कर्तव्य, नैतिकता और आशावाद का अहसास है। आपको उनकी प्रभावी प्रौद्योगिकी योग्यता से सीखना चाहिए और चीज़ें कराने के लिए मिलकर काम करना चाहिए।

यदि आप बूमर हैं (1945-1964) और आप परंपरावादी पीढ़ी के लोगों से बात कर रहे हैं, तो आपको उनके ज्ञान, बुद्धिमत्ता और अनुभव को महत्त्व देना चाहिए। आपको यह पहचानना चाहिए कि संरचित घंटों और ज़िम्मेदारियों की उनकी आवश्यकता वफ़ादारी और समर्पण प्रदर्शित करती है।

और आप दूसरे बूमर्स से बात कर रहे हैं, तो आप एक टीम की तरह अच्छे से काम करते हैं, एक दूसरे की रायों और आवश्यकताओं का सम्मान करते हैं तथा आवश्यक परिणामों पर ध्यान केंद्रित करते हैं। आप अपने विश्वासों के लिए आरामदेह तरीक़े से खड़े होते हैं।

और आप एक्स पीढ़ी के लोगों से बात कर रहे हैं, तो आपको तेज़ी से और स्वतंत्रता से अनुकूलन करने की उनकी योग्यता का लाभ लेना चाहिए। आपको लोक-व्यवहार की योग्यताएँ विकसित करने में उनकी मदद करनी चाहिए, जिसकी ज़रूरत उन्हें विकास करने के लिए है।

और आप मिलेनियल पीढ़ी के लोगों से बात कर रहे हैं, तो आपको अहसास करना चाहिए कि वे एक टीम के रूप में अच्छी तरह काम करते हैं, जैसे कि आप करते हैं। आपको मानव संबंधों की योग्यता का मॉडल बनना चाहिए, जिनमें आप अच्छे हैं, साथ ही दूसरों पर केंद्रित होने का मूल्य भी दर्शाना चाहिए।

यदि आप एक्स पीढ़ी के हैं (1965–1981) और अगर आप परंपरावादी पीढ़ी के लोगों से बात कर रहे हैं, तो प्रौद्योगिकी के मामले में आपको उनके सीखने के चक्र के साथ धैर्य रखना चाहिए और उन्हें तंत्र प्रदान करना चाहिए। आपको उनके प्रति समर्थन दिखाना चाहिए और उन्हें सम्मान देना चाहिए, ख़ास तौर पर अगर आपको उन्हें काम सौंपना हो।

और आप बूमर पीढ़ी के लोगों से बात कर रहे हों, तो आपको उन्हें प्रौद्योगिकी के बारे में पढ़ने और सीखने के लिए ज़्यादा प्रोत्साहित करना चाहिए, अगर आपको उनके जीवन में यह भूमिका निभानी हो। आपको पहचानना चाहिए कि उनके योगदान का तरीक़ा अक्सर लंबी अवधि तक काम करना होता है।

और आप एक्स पीढ़ी के दूसरे लोगों से बात कर रहे हैं, तो आप स्पष्ट और सीधे हो सकते हैं। आप दोनों ही स्वतंत्रता की आवश्यकता को महत्त्व देते हैं। आप ग़लतफ़हमियों से बचने के लिए अपनी मानव संबंधों की योग्यताओं का इस्तेमाल कर सकते हैं।

और अगर आप मिलेनियल पीढ़ी के लोगों से बात कर रहे हैं, तो आपको कम उम्र के इन कर्मचारियों की प्रौद्योगिकी योग्यताओं का सम्मान

करना चाहिए और उनका लाभ लेना चाहिए। आपको मज़े करने और संतुलित जीवन जीने की अपनी साझी आवश्यकता का लाभ लेना चाहिए।

अगर आप मिलेनियल पीढ़ी के हैं (1980-2000) और आप परंपरावादी पीढ़ी के लोगों से बात कर रहे हैं, तो आपको अहसास होता है कि आप दोनों का ही नज़रिया और दृष्टिकोण समान है। आप उनके अनुभव का सम्मान करते हैं और उन प्रक्रियाओं तथा विधियों को सीखते हैं, जिसमें वे विशेषज्ञता रखते हैं।

और आप बूमर्स पीढ़ी के लोगों से बात कर रहे हैं, तो आप उनसे सामूहिक निर्णय लेने की क्षमता तथा टीमवर्क का अहसास सीख सकते हैं। आप प्रोत्साहन देने वाले परिवेश में प्रौद्योगिकी सीखने में उनकी मदद कर सकते हैं।

और आप एक्स पीढ़ी के लोगों से बात कर रहे हैं, तो आपको उनसे व्यावहारिकता सीखनी चाहिए और सामूहिक गत्यात्मकता के पूरक व संतुलनकारी घटक के रूप में आत्म-निर्भरता के उनके अहसास का इस्तेमाल करना चाहिए।

और आप मिलेनियल पीढ़ी के दूसरे लोगों से बात कर रहे हैं, तो आप टीम के रूप में मिलकर काम करते हैं और काम कराने के लिए संसाधनों को एकजुट करने का तरीक़ा जानते हैं। बेहतर रहेगा कि आप मार्गदर्शक खोज लें, ताकि आप नए तरीक़ों से विकास कर सकें।

नरमी से गतिरोध तोड़ना

अगर हर पीढ़ी प्रयास करती है, तो आप राय की भिन्नताओं को उम्र की भिन्नताओं से जोड़कर नहीं देखेंगे। लेकिन संप्रेषण की योग्यताएँ रातोंरात नहीं आ जाती हैं और उन्हें विकसित होने का समय देना चाहिए। विशेषज्ञ सलाह देते हैं कि सुरक्षित विषय से शुरू करें, बातचीत के लिए गतिरोध तोड़ने नामक उपाय का इस्तेमाल करें, उस बुनियाद पर संवाद का महल बनाएँ, जब तक कि समानताएँ नहीं मिल जाएँ और तालमेल नहीं बन जाए। तब एक दूसरे के जीवन में संलग्नता का ज़्यादा गहरा स्तर ज़्यादा स्वाभाविक लगेगा।

जब एक-दूसरे के जीवन के बारे में बताने और पीढ़ियों की खाइयों के पार संवाद की कोशिश की बात आती है, तो फ़िल्म देखने से आम तौर पर

ज़्यादा विचारोत्तेजक चर्चा उत्पन्न नहीं होती है। लेकिन अगर फ़िल्म किसी पीढ़ी के सदस्य द्वारा दूसरी पीढ़ी को ज़्यादा अच्छी तरह समझने के इरादे से चुनी जाती है, तो इसका इस्तेमाल प्रश्नों, उत्तरों और व्याख्या के लिए मंच के रूप में किया जा सकता है। मिसाल के तौर पर, जब दादाजी अपने पोते के साथ मिलकर *कासाब्लाँका* और *ट्रेनस्पॉटिंग* जैसी फ़िल्में देखते हैं, तो इसमें कोई शक नहीं है कि दोनों ही तरफ़ से प्रश्न पूछे जाएँगे।

माध्यम सब कुछ कह देता है

मीडिया के विकास से भी संवाद में खाइयाँ बढ़ती हैं। परंपरावादी यानी अनुभवी पीढ़ी के लोग रेडियो सुनकर बड़े हुए थे, जिसने उन्हें उनकी कल्पनाशक्ति का इस्तेमाल करने के लिए प्रोत्साहित किया था। परिवार के सभी लोग मिलकर सुनते थे और सुनी गई बातों पर चर्चा करते थे।

बूमर्स पीढ़ी के लोग टेलीविज़न देखकर बड़े हुए थे, जहाँ शाब्दिक और ग़ैर-शाब्दिक संकेत कहानी की व्याख्या में उनकी मदद करते थे।

एक्स पीढ़ी के लोग इंटरनेट का इस्तेमाल करके बड़े हुए थे, जिसमें काफ़ी हद तक लिखित शब्द पर ध्यान केंद्रित किया जाता था। इंटरनेट के "समुदायों" के भ्रम के बावजूद ये लोग काफ़ी हद तक अकेले में काम करते थे।

मिलेनियल पीढ़ी के लोग नेटवर्कों के साथ बड़े हुए थे, जहाँ जानकारी किसी भी समय, कहीं भी और मानव हस्तक्षेप की ज़रूरत के बिना उपलब्ध थी।

परिणाम : चार अलग-अलग संवाद शैलियाँ, जिनमें से प्रत्येक को पक्का विश्वास है कि बाक़ी तीनों इसे आदर्श तरीक़े से समझते हैं। बहरहाल, उनमें से प्रत्येक जिस एक चीज़ पर सहमत हो सकता है, वह है सच्ची प्रशंसा, मान्यता और क़द्र देने व पाने की आवश्यकता। चाहे हम उपलब्धियों या चरित्र के गुणों व शक्तियों की प्रशंसा कर रहे हों, इस मामले में सफलता के लिए डेल कारनेगी का फ़ॉर्मूला यह सुझाव देता है :

(1) जिस व्यक्ति की प्रशंसा की जा रही है, उसे बता दें कि आप उसकी किस चीज़ की प्रशंसा करते हैं।

(2) फिर इसके बाद यह स्पष्ट करें कि आपने यह बात क्यों कही। आपके पास अपनी बात के समर्थन में क्या प्रमाण है? यह आपकी प्रशंसा को विश्वसनीयता देता है और इसे चापलूसी से अलग करता है। "मैं ऐसा इस कारण कह रहा हूँ..." फिर कोई प्रश्न पूछकर उन्हें बात करने के लिए प्रेरित करें।

13

नौकरी देने या पाने में संतुष्टि पाना

यदि आप एक ऐसा परिवेश बना देते हैं, जहाँ लोग सचमुच सहभागिता करते हैं, तो आपको नियंत्रण की ज़रूरत नहीं होती। वे जानते हैं कि क्या करना है और वे उसे कर देते हैं।

—हर्ब केलेहर,
सह-संस्थापक, साउथवेस्ट एयरलाइंस

अगर हम किसी को नियुक्त कर रहे हैं, तो हमें इन गुणों वाले कर्मचारियों को नियुक्त करना अच्छा रहेगा। यदि हम रोज़गार में हैं, तो हमें इन्हीं गुणों का लक्ष्य बनाना चाहिए :

संलग्न कर्मचारी :

- सकारात्मक रवैया होता है और सकारात्मक ऊर्जा फैलाते हैं
- उनमें उच्च स्तरीय ईमानदारी होती है
- वे अपने काम पर गर्व करते हैं
- वे समर्पण प्रदर्शित करते हैं और एक मील आगे तक जाते हैं
- वे ज़िम्मेदारी स्वीकार करने के इच्छुक रहते हैं
- वे कर्मचारी आत्मविश्वासी और ऊर्जावान होते हैं

- वे खुद शुरू करने वाले, स्व-प्रेरित, स्व-अनुशासित होते हैं और पहलशक्ति का प्रदर्शन करते हैं
- वे बौद्धिक रूप से जुड़े होते हैं और व्यक्तिगत तौर पर संतुष्ट होते हैं
- वे सृजनात्मक, कल्पनाशील और नवाचारी होते हैं
- वे टीम खिलाड़ी होते हैं और दूसरों का समर्थन करते हैं
- वे दिलचस्पी दिखाते हैं और शामिल होते हैं
- वे संगठन के बारे में अच्छा बोलते हैं

काम में संलग्नता के बारे में डेल कारनेगी के नियम

जैसा बोलें, वैसा करें। अपनी कंपनी, अपनी नौकरी और अपने नियोक्ताओं के प्रति उत्साही रहें। पूरी तरह संलग्न बनें। अपने स्टाफ़ और सहकर्मियों को जानें। उनमें इंसान के रूप में दिलचस्पी लें। यह पता लगाएँ कि वे किस चीज़ से प्रेरित होते हैं, वे क्या हासिल करना चाहते हैं और यह उनके लिए क्यों महत्त्वपूर्ण है।

विश्वास, सम्मान और विश्वसनीयता अर्जित करें। यह तभी अर्जित होता है, जब आप वादे निभाते हैं, गोपनीय बातें गोपनीय रखते हैं और समर्पण, एकरूपता, निष्पक्षता, तार्किकता, ईमानदारी और नैतिक दृष्टि से काम करते हैं। सच्चे और मिलनसार रहें।

कर्मचारियों को नियुक्त करते समय *सही काम और सही व्यक्ति का मेल करें।* अपने कर्मचारियों की शक्तियों और कार्यशैली का पता लगाकर आप उनके व्यक्तिगत और अनूठे गुणों व योग्यताओं का सर्वश्रेष्ठ उपयोग कर सकते हैं।

शक्तियों पर खेलें। कमज़ोरियों पर ध्यान केंद्रित करने के बजाय सामने वाले की शक्तियों पर आगे निर्माण करें। प्रदर्शन में बेहतरी के अवसरों को नज़रअंदाज़ नहीं करें, लेकिन जो सही किया जा रहा है, उस पर ज़्यादा ऊर्जा केंद्रित करें। हर कर्मचारी के साथ इंसान जैसा व्यवहार करें, जो एक विशिष्ट और अनूठा योगदान दे रहा है। काम सौंपकर, सशक्तिकरण करके और फिर उन्हें स्वतंत्र छोड़कर विश्वास जताएँ।

अपने कर्मचारियों में उद्देश्य का अहसास भरें। उन्हें बड़ी तसवीर वाला लक्ष्य बताकर प्रोजेक्टों में ज़्यादा से ज़्यादा जोड़ें। यह सुनिश्चित करें कि वे यह समझ गए हैं कि उनका विभाग कंपनी की सफलता में कैसे योगदान देता है और उनकी व्यक्तिगत भूमिकाएँ परिणाम को कैसे प्रभावित करती हैं। हर व्यक्ति को यह जानने की ज़रूरत होती है कि उसके प्रयासों से फ़र्क़ पड़ता है।

स्पष्ट और यथार्थवादी अपेक्षाएँ तय करें। अपेक्षित परिणाम परिभाषित कर दें। संवाद के तार खुले रखें और नियमित रूप से कर्मचारियों का "परीक्षण" करें। प्रोजेक्टों की प्रगति और स्थिति के बारे में अपने स्टाफ़ को लगातार जानकारी देते रहें। अपने स्टाफ़ से फ़ीडबैक माँगें कि प्रोजेक्ट कैसे चल रहे हैं और आप उनके काम को ज़्यादा आसान बनाने के लिए क्या कर सकते हैं।

बताएँ नहीं, पूछें। प्रोजेक्टों, विभागीय नीतियों और ज़मीनी नियमों पर कर्मचारियों के साथ-साथ काम करके उनके सहयोग को प्रेरित करें। स्टाफ़ से सृजनात्मकता, नवाचार और निर्णय लेने संबंधी राय माँगकर उन्हें प्रोत्साहित करें। आप उनकी राय को महत्त्व देते हैं और उनकी विशेषज्ञता पर विश्वास करते हैं, यह दिखाने के लिए उनके सुझावों पर अमल करें।

परानुभूतिपूर्वक सुनना सीखें – अपनी आँखों, कानों और हृदय से सुनें। आलोचनात्मक नज़रिया रखे बिना कर्मचारियों को समझने और उनसे जुड़ने के लिए सुनें।

शक्ति और संवेदनशीलता प्रदर्शित करें। कूटनीति और कौशल के साथ संवाद करें। सौदेबाज़ी और समझौता करना सीखें।

तैयार करें, प्रतिबंधित नहीं करें। यह पता लगाएँ कि बेहतर बनने, विकास करने और सफल होने के लिए आपके कर्मचारियों को क्या सीखना चाहिए। उन्हें प्रभावी ढंग से काम करने और लक्ष्य हासिल करने के लिए जिस समय और संसाधनों की ज़रूरत है, वे देना सुनिश्चित करें।

सम्मान के परिवेश को बढ़ावा दें, जहाँ असाधारण काम को महत्त्व दिया जाता हो। कर्मचारियों को निरंतर व बारंबार फ़ीडबैक दें। प्रयासों तथा उपलब्धियों को इस तरह मान्यता व पुरस्कार दें, जो कर्मचारियों के लिए अर्थपूर्ण हो।

सतत और संजीदा प्रोत्साहन प्रदान करें। विकास के अवसर प्रदान करें। मार्गदर्शन, कोचिंग और प्रशिक्षण के अवसर दें। सिर्फ़ परिणामों को ही नहीं, बल्कि प्रयासों को भी पुरस्कृत करें।

विविधता का सम्मान करें। स्वस्थ चर्चाओं, असहमतियों और राय की भिन्नताओं को बढ़ावा दें।

स्टाफ़ में तालमेल का समर्थन करें और बढ़ावा दें, ताकि टीम परिवेश मिलनसार और सहयोगी बने। कर्मचारियों को एक दूसरे को ज़्यादा अच्छी तरह जानने के लिए प्रोत्साहित करें। बैठकों, टीम निर्माण गतिविधियों, समूह लंच और ऑफ़िस के बाद के समारोहों में संवाद के अवसर उत्पन्न करें। सहकर्मी मार्गदर्शक, कोच या किसी ऐसे व्यक्ति की पेशकश करें, जो उनके साथ जुड़ सके, ताकि चुनौतियाँ आने पर वे संलग्न व एकजुट बने रहें।

ऑफ़िस तथा परिवेश में *वैयक्तिकता को प्रोत्साहित करें।* कर्मचारियों के केबिन या काम करने की जगह पर उन्हें तसवीरें, रंग, पौधे, प्रेरक चीज़ें, ट्रॉफ़ियाँ आदि लगाने की अनुमति दें।

"ए", "बी" और "सी" खिलाड़ी

"ए" खिलाड़ी

"ए" खिलाड़ी महत्त्वाकांक्षी होते हैं। उनमें तेज़ तरक़्क़ी की इच्छा होती है। वे प्रमोशन चाहते हैं और अपने करियर को पहले स्थान पर रखते हैं।

"ए" खिलाड़ी करिश्माई होते हैं, उनमें आत्मसम्मान होता है और ज़रूरत पड़ने पर वे कमाल दिखा देते हैं।

"ए" खिलाड़ियों में किसी संगठन की आंतरिक राजनीति में उलझने की प्रवृत्ति होती है।

"ए" खिलाड़ी ज़्यादा ऊर्जा वाले होते हैं, तेज़ मार्ग पर चलते हैं और वरिष्ठ प्रबंधन से ज़्यादा माँगें करते हैं।

"बी" खिलाड़ी

"बी" खिलाड़ी सक्षम और स्थिर होते हैं, जो ऑफ़िस और बाहरी जीवन के संतुलन को बहुत महत्त्व देते हैं।

"बी" खिलाड़ी लगातार अच्छा काम करते हैं और विश्वसनीय होते हैं। वे स्वावलंबी होते हैं।

"बी" खिलाड़ी आलोचना और राजनीति को नज़रअंदाज़ कर देते हैं और बस अपना काम करते रहते हैं। वे निरंतरता के स्रोत होते हैं।

"बी" खिलाड़ियों को कम रखरखाव की ज़रूरत होती है। उन्हें "आधार" के रूप में देखा जाता है और वे अक्सर ऐसे लोग होते हैं, जिनसे दूसरे कर्मचारी सलाह लेते हैं। इसका कारण यह है कि ये कर्मचारी संगठन में लंबे समय तक टिकते हैं और सारे परिवर्तनों तथा पुनर्गठन के बावजूद बने रहते हैं।

''सी'' खिलाड़ी

"सी" खिलाड़ी लचीले नियंत्रण पर चलते हैं। वे बस उतनी ही मेहनत करते हैं, जितनी बहुत ज़रूरी होती है।

"सी" खिलाड़ी बेहतर बनने की कोशिश नहीं करते हैं।

"सी" खिलाड़ी ज़्यादा प्रोएक्टिव नहीं होते हैं।

"सी" खिलाड़ी सिर्फ़ बताया गया काम ही करेंगे और उससे ज़्यादा कुछ नहीं करेंगे।

इस बारे में विचार करें कि चार्ट के हर प्रकार के खिलाड़ी को हम किस तरह के काम सौंप सकते हैं। हम किस प्रकार के हैं? "ए" खिलाड़ी चुनौतियाँ प्रदान करते हैं, "बी" सुरक्षा प्रदान करते हैं, "सी" तंत्र प्रदान करते हैं।

ख़ास कर्मचारी को प्रेरित करना

चार आम कामकाजी व्यक्तित्वों को प्रोत्साहित करने के नुस्ख़े। हम इस सूची में कहाँ आते हैं? हम किसके साथ काम करना पसंद करते हैं?

क. भौतिकतावादी। इन कर्मचारियों की ज़िंदगी में अक्सर सौ प्रतिशत कामकाज होता है और मौज-मस्ती शून्य होती है। वे आम तौर पर काम करने के लिए ज़िंदा रहते हैं तथा पदनाम, सत्ता व उपलब्धियों से संचालित होते हैं। उन्हें बोनस, प्रमोशन, पेशेवर प्रोत्साहनों से प्रेरित करें।

ख. सीखने वाले। ये कर्मचारी आम तौर पर नई चीज़ें सीखने, चुनौतियों, नए प्रोजेक्टों, विचारमंथन, नवाचारों और सृजन से संचालित होते हैं। उन्हें प्रशिक्षण के अवसर देकर प्रोत्साहित करें और उन कार्यशालाओं, सम्मेलनों व सेमिनारों की तलाश करें, जिनमें वे हिस्सा ले सकें।

ग. मिलनसार। ये लोग आम तौर पर दूसरों के साथ मिलकर काम करने और उनके साथ मेलमिलाप करने तथा टीमों में काम करने से संचालित होते हैं। इन लोगों को पुरस्कारों, फ़ोटो, प्लाक और टीम में उनकी भूमिका के लिए सार्वजनिक मान्यता देकर प्रोत्साहित करें।

घ. कार्य-जीवन संतुलनकर्ता। ये लोग आम तौर पर अपने पेशेवर लक्ष्यों के साथ-साथ अपनी व्यक्तिगत रुचियों का पीछा करने की स्वतंत्रता से संचालित होते हैं। ज़्यादा संभावना इस बात की रहती है कि वे जीने के लिए काम करेंगे, काम करने के लिए नहीं जिएँगे। उन्हें छुट्टी देकर, समारोहों के टिकट उपहार में देकर या पसंदीदा रेस्तराँओं में गिफ़्ट कार्ड आदि देकर प्रोत्साहित करें।

क्या आप सोचते हैं कि पैसा कामकाजी दुनिया में एकमात्र प्रेरक शक्ति है? दोबारा सोच लें।

जब लोग किसी संगठन को छोड़कर जाते हैं, तो इसका सबसे प्रमुख कारण कम वेतन या लाभ नहीं होता। कारण तो उनके ठीक ऊपर के अफ़सर के साथ उनके दिन प्रतिदिन के संबंध होते हैं।

—जॉन पुट्ज़िज़यर, व्यावसायिक लेखक

कर्मचारियों को कौन सी चीज़ प्रेरित करती है? डेल कारनेगी की इन खोजों में से कुछ आश्चर्यजनक और ज्ञानवर्धक हैं। ऐसा लगता है कि वेतनवृद्धियाँ ही एकमात्र प्रेरक शक्ति नहीं हैं, क़तई नहीं। नौकरी क़ायम रखने के मामले में जीवन तथा संभावनाशील भविष्य की गुणवत्ता बहुत बड़ी प्रेरणाएँ होती हैं। इनमें से कुछ खोजें हमें अपनी नौकरी के लाभों संबंधी विचार भी दे सकती हैं, जिनके बारे में हमने कभी सोचा ही नहीं या अपने उच्चाधिकारियों से माँगा ही नहीं।

• अपने मैनेजर के साथ सकारात्मक संबंध

मानव संसाधन विकास संगठन के अनुसार 400 कंपनियों के हालिया गैलप पोल में यह पाया गया कि नौकरी में बने रहने के लिए कर्मचारी का अपने ठीक ऊपर के अधिकारी से संबंध वेतन या अन्य सुविधाओं से ज़्यादा ज़िम्मेदार था। निष्पक्ष और प्रेरक नेतृत्व, जिनमें कोचिंग और मार्गदर्शन शामिल है, से ही कर्मचारी कंपनी में बने रहते हैं। एक और गैलप पोल ने उजागर किया है कि कर्मचारी संतुष्टि और उत्पादकता का एक मुख्य सूचक कर्मचारी का यह विश्वास है कि बॉस कर्मचारी की परवाह करता है और उस पर भरोसा किया जा सकता है।

• मान्यता और प्रशंसा

कुछ लोग पैसे के बजाय दूसरी तरह के प्रोत्साहनों से ज़्यादा संचालित होते हैं। एम्प्लॉयी रिटेंशन हेडक्वार्टर्स के एक अध्ययन में यह पाया गया कि प्रशंसा और संलग्नता कर्मचारियों को पैसे से ज़्यादा खुश रखती हैं। उन्हें शाब्दिक और ग़ैर-शाब्दिक तरीक़े से विश्वास दिलाने की ज़रूरत होती है कि प्रबंधन उनकी स्थिति का सम्मान करता है और वे कंपनी की सफलता के लिए महत्त्वपूर्ण हैं। वे मील के पत्थरों और विजयों का जश्न मनाकर आनंदित होते हैं, सार्वजनिक रूप से और अकेले में, शाब्दिक रूप से और लिखित में और तुरंत व ईमानदारी से।

• प्रेरक और संतुष्टिदायक कार्य

अमेरिकन सोसायटी फ़ॉर ट्रेनिंग ऐंड डेवलपमेंट के न्यूज़लेटर का सुझाव है कि आज के ज़्यादातर कर्मचारियों के लिए प्रेरक और मूल्यवान काम वेतन और तरक़्क़ी से ज़्यादा महत्त्वपूर्ण होता है। किसी नौकरी के प्रति उत्साह और रोमांच का मूल्य तय करना मुश्किल होता है। जो मैनेजर अपने कर्मचारियों की संलग्नता को बढ़ावा देते हैं और उन्हें प्रोजेक्टों में जल्दी ही शामिल कर लेते हैं, वे ज़्यादा सृजनात्मक विचार हासिल करते हैं और परिणाम में ज़्यादा कर्मचारी निवेश तथा गर्व उत्पन्न करते हैं। जो कर्मचारी बहुत सारे मुद्दों पर निर्णय लेने में सक्रियता से सहभागिता करते हैं, वे एक ऐसा परिवेश बनाते हैं, जिसे वे पसंद करते हैं और जिसमें वे बने रहना चाहते हैं।

• *स्पष्ट करियर मार्ग और विकास के अवसर*

अगर हम व्यक्तिगत और पेशेवर विकास के अवसर देते रहें, तो हमारे कर्मचारियों के किसी दूसरी जगह पर नौकरी तलाश करने की आशंका कम हो जाएगी। नई योग्यता और करियर के विकास के संदर्भ में प्रशिक्षण के अवसर प्रदान करना इस बात का संकेत है कि मैनेजर कर्मचारियों में निवेश करने को तैयार है। यह कर्मचारियों को कंपनी में क़ायम रखने के लिए अत्यंत महत्त्वपूर्ण है। यदि आप सदस्यता शुल्क देकर पेशेवर संगठनों में कर्मचारियों की सहभागिता को प्रोत्साहित करते हैं, लंच व सम्मेलन में शिरकत के लिए उन्हें अवकाश और एडमिशन फ़ीस देते हैं, तो इससे कर्मचारी प्रेरित होते हैं। जिन कंपनियों में कर्मचारी ज़्यादा रुके रहते हैं, उनमें भीतर से नियुक्त करने की छवि होती है। जब दोनों पक्ष करियर मार्ग (जो श्रेणीक्रम में हमेशा "ऊपर" नहीं होता) पर सहमत हो जाते हैं, तो इससे कर्मचारियों का समर्पण हासिल होगा और वे संगठनात्मक लक्ष्यों व दिशा को स्वीकार कर लेंगे।

• *संतुलित जीवन का सम्मान करने वाले मैनेजर*

जो कंपनियाँ संतुलित जीवन का सम्मान करती हैं, वहाँ अधीनस्थ कर्मचारी ज़्यादा रुकते हैं। ऐसा उन कंपनियों में नहीं होता, जो यह विश्वास करती हैं कि कर्मचारियों को हर समय काम करना चाहिए, काम को ही खाना चाहिए, काम की ही साँस लेना चाहिए और काम को ही सोना चाहिए। कर्मचारियों के पारिवारिक और निजी जीवन के महत्त्व को स्वीकार करें तथा उसका सम्मान करें। इससे कर्मचारियों की अक्रियाशीलता की रोकथाम होती है और वफ़ादारी बढ़ती है। सोसायटी फ़ॉर ह्यूमन रिसोर्स मैनेजमेंट के अनुसार नियोक्ताओं को कामकाज-जीवन संतुलन की गुणवत्ता के बारे में जागरूक होने की ज़रूरत है। उन्हें लचीले समय की पेशकश करने के लिए तैयार रहना चाहिए। उन्हें दोहरे करियर, बच्चों की देखभाल और माता-पिता की देखभाल की चुनौतियों के बारे में संवेदनशील होना चाहिए।

• *प्रतिस्पर्धी भुगतान और लाभ*

पैसा महत्त्वपूर्ण है, लेकिन हम इसे जितना मानते हैं, यह उससे कम महत्त्वपूर्ण है। कर्मचारी न्यायोचित और प्रतिस्पर्धी भुगतान पाने की उम्मीद करते हैं। वे स्वास्थ्य बीमा और रिटायरमेंट योजना के सामान्य लाभों के हक़दार महसूस करना चाहते हैं। एक सर्वे में 92 प्रतिशत कर्मचारियों ने

बताया कि अगर उन्हें व्यक्तिगत व पेशेवर विकास कोचिंग मिल रही हो, तो 10 हज़ार डॉलर की वार्षिक वेतनवृद्धि भी उन्हें कंपनी बदलने के लिए प्रेरित नहीं कर पाएगी।

अच्छा काम करने की किसी कर्मचारी की इच्छा बेशक़ीमती है। यह किसी भी सफल कंपनी के बुनियादी घटकों में से एक है। कंपनी जब महत्त्व देती है और क़द्र करती है, तो इससे भारी लाभ होता है, क्योंकि इससे कार्यस्थल उत्साही बनेगा, बेहतर दोतरफ़ा संवाद होगा, ज़्यादा ऊँची उत्पादकता होगी, बेहतर ग्राहक सेवा तथा निष्ठा होगी और अंततः एक समृद्ध कंपनी होगी।

—नोएल नेल्सन,
लेखक और कर्मचारी मान्यता विशेषज्ञ

14

बेहतरीन जीवन के लिए काम सौंपें!

काम सौंपने में अयोग्यता मैनेजरों की असफलता का सबसे बड़ा अकेला कारण है।

—जे.सी. पेनी

चाहे हम स्काउट ट्रूप के नेतृत्व की बात कर रहे हों, किसी बड़ी कॉरपोरेट समिति की बात कर रहे हों या किसी चर्च टैग सेल की व्यवस्था की बात कर रहे हों, प्रभावी ढंग से काम सौंपना बर्नआउट का जवाब और प्रगति का नुस्खा है। काम सौंपने से ना सिर्फ़ हमें मदद मिलती है, बल्कि इससे दूसरे भी विकसित और प्रशिक्षित होते हैं। बहरहाल, काम सौंपते समय उसकी प्रगति पर निगाह रखना और प्रदर्शन के स्पष्ट पैमाने बताना महत्त्वपूर्ण होता है।

यहाँ जवाब देने के लिए कुछ प्रश्न हैं, जिनसे यह स्पष्ट होता है कि हमें काम सौंपने की ज़रूरत है या नहीं।

- क्या आप काम घर ले जाते हैं?
- क्या आप अब भी वही काम करते हैं, जो पिछले प्रमोशन से पहले करते थे?

* क्या अक्सर सलाह और जानकारी के लिए आपके काम में व्यवधान डाला जाता है?

* क्या आप ऐसे विवरण तैयार करते हैं, जिन्हें दूसरे सँभाल सकते हैं?

* क्या आप ग़ौर करते हैं कि आपकी टाँग बहुत ज़्यादा प्रोजेक्टों में फँसी रहती है?

* क्या आप दूसरों से ज़्यादा घंटों तक काम करते हैं?

* क्या आप दूसरों के लिए ऐसे काम करने में समय बिताते हैं, जिन्हें वे ख़ुद कर सकते हैं?

* जब आप कुछ दिनों बाद लौटते हैं, तो क्या आपको अपनी "इन" बास्केट पूरी भरी मिलती है?

* क्या आप ऐसे प्रोजेक्टों में ख़ुद को शामिल होते पाते हैं, जिनके बारे में आपने सोचा था कि वे आपने किसी दूसरे को दे दिए थे?

उत्पादकता के छह सूत्र

डेल कारनेगी प्रशिक्षण बताता है कि काम के अति बोझ से निबटने के छह तरीक़े हैं, जिनमें से कुछ बाक़ी से बेहतर हैं। काम थोपने या छोड़ने की सबसे कम सलाह दी जाती है, काम करने व वितरित करने का दर्जा "औसत" है और काम सौंपना तथा किसी अधीनस्थ को नियत करना सबसे ज़्यादा प्रभावी तरीक़े हैं।

हल्के में काम नहीं सौंपें

काम सौंपते वक़्त इन क़दमों को ध्यान में रखें :

क़दम #1 : सही व्यक्ति या अवसर को पहचानें

कौन सा प्रोजेक्ट या काम मेरी टीम के किसी व्यक्ति को सौंपा जा सकता है, बजाय इसके कि कौन सा काम थोपा जा सकता है? लोगों को विकसित करने का अवसर कहाँ पर है? पहचानें कि कौन विकास का क़दम उठाने को तैयार है।

क़दम #2 : काम के लिए सही व्यक्ति से मिलें।

उस व्यक्ति से मिलें, जो सही अवसर के लिए पहले से तैयार है। काम सौंपने के बारे में तथ्यों पर बातचीत करें।

क़दम #3 : आवश्यकता या अवसर को बेचें। इसे द्विपक्षीय जीत के रूप में देखा जाना सुनिश्चित करें।

मुलाक़ात में सौंपे गए काम को स्वीकार करने के लाभ बताएँ। अगर उस व्यक्ति को कोई भी लाभ नहीं हो रहा है, तो आप शायद काम सौंप नहीं रहे हैं, बल्कि थोप रहे हैं। सौंपे गए काम को द्विपक्षीय जीत बनाने का तरीक़ा खोजें। उनके काम के बोझ पर ध्यान दें और यदि संभव हो तो उनके काम का कुछ हिस्सा किसी दूसरे को सौंपने में उनकी मदद करें।

क़दम #4 : उस कर्मचारी के साथ योजना की समीक्षा करें। कार्ययोजना बनाएँ।

जब सामने वाला सौंपे गए काम को स्वीकार कर लेता है, तो उसे परिणामों के बारे में सोचने का समय दें और यह भी कि वह उन्हें कैसे हासिल करेगा। मिलकर एक कार्ययोजना बनाएँ, जिसमें यह वर्णन हो कि क्या किया जाना है और कैसे। या फिर ऐसी योजना बनाने के लिए उस व्यक्ति का मार्गदर्शन करें।

क़दम #5 : कोचिंग और प्रशिक्षण दें।

अपने प्रतिनिधि को दिखाएँ कि ऐसी चीज़ें कैसे करना है, जो उसके लिए अपरिचित हो सकती हैं। पहली बार पूरी प्रक्रिया में कोचिंग दें, ताकि यह सुनिश्चित हो जाए कि चीज़ें सही तरीक़े से हों। इसमें पहली बार में थोड़ा ज़्यादा समय लग सकता है, लेकिन इसके बाद आप इस काम या प्रोजेक्ट से ख़ुद को मुक्त कर लेते हैं। तब आप अपने ख़ाली हुए समय का ज़्यादा उत्पादक इस्तेमाल शुरू कर सकते हैं।

क़दम #6 : इसे बंधनमुक्त छोड़ दें – इसे जाने दें।

यह सुनिश्चित करें कि आपने सामने वाले को वह काम करने के लिए सशक्त बना दिया है। सही समय पर काम को बंधनमुक्त छोड़ दें, उस स्तर तक जिसमें आप दोनों ही परिणाम हासिल करने के लिए आरामदेह हों। सूक्ष्म प्रबंधन की इच्छा का प्रतिरोध करें, लेकिन दूसरी तरफ़ सारा नियंत्रण नहीं

छोड़ें। एक ऐसा संतुलन खोजें, जो आप दोनों के लिए काम करता हो और सामने वाले को उसकी शैली से काम करने के लिए सशक्त बनाता हो, लेकिन इसमें मापनीयता और जवाबदेही का अंश भी शामिल हो।

क़दम #7 : सफलताओं को पुरस्कृत करें और जश्न मनाएँ।

आनुपातिक तौर पर सही दिशा में उठाए गए बड़े और छोटे क़दमों को मान्यता दें। अनौपचारिक ढंग से पीठ थपथपाकर और उचित तरीक़े से औपचारिक प्रशंसा करें।

आपने सफलतापूर्वक काम नहीं सौंपा है अगर :

आप इसे दोबारा करने लगते हैं...

नई जवाबदेही काम सौंपने के साथ-साथ चलती है और इसके साथ ही यह प्रलोभन भी आता है कि वह काम दोबारा अपने हाथ में ले लिया जाए या उपेक्षा की स्थिति में डाल दिया जाए। हम जिस भाषा का इस्तेमाल करते हैं, उससे हमें पता चल जाएगा कि काम सौंपने की प्रक्रिया पूरी हुई है या नहीं।

हम इसे दोबारा अपने हाथ में ले रहे हैं, अगर हम इस तरह की बात कह रहे हैं,

"मुझे... के बारे में सोचने दें"

"मैं आपको बता दूँगा कि कब..."

"इसे यहीं छोड़ दें, मैं इसे कर दूँगा..."

"मैं... से पूछूँगा"

"मैं... का ड्राफ़्ट बना दूँगा"

"जब मैं काम निबटा लेता हूँ, तो..."

इस तरह के वाक्य बोलकर आप काम सौंपने की प्रक्रिया को नकार देते हैं। आपने चाहे जो कहा हो, काम आपके पास ही बना रहता है। जब तक आप इसे सुधार नहीं लेते, तब तक कोई प्रगति नहीं होगी।

या आप इसे अनिश्चय की स्थिति में रख देते हैं...

इस तरह के वाक्य इस समस्या की ओर इंगित करते हैं :

"मुझे एक मेमो भेज दें और..."

"आप... से पता क्यों नहीं करते"

"एक प्रस्ताव बनाएँ और..."

"... के बारे में मुझसे बाद में मिलें"

"मुझे बता दें कि क्या मैं मदद कर सकता हूँ..."

"हमें... के बारे में कुछ करना होगा"

"आप जान जाएँगे कि काम सौंपने की प्रक्रिया पूरी हो गई है, अगर आप इस तरह की बात कह रहे हैं..."

"मैं जानता हूँ कि आप... कर सकते हैं।"

"मैं... के लिए आप पर भरोसा कर रहा हूँ।"

"मैंने यह आपको इसलिए दिया, क्योंकि..."

"आप... के बारे में क्या करने वाले हैं?"

"... के लिए आपकी क्या योजना है?"

"मैं जानता हूँ कि आप इसे पूरा कर लेंगे।"

इस तरह के वाक्यों से यह स्पष्ट हो जाता है कि ज़िम्मेदारी हस्तांतरित हो चुकी है। काम सौंपने की प्रक्रिया पूरी हो चुकी है और प्रगति की कहीं ज़्यादा संभावना है।

15

मुश्किल लोगों से व्यवहार करने से बेहतरीन परिणाम मिल सकते हैं

हममें से कई लोग मुश्किल लोगों से बचना चाहते हैं, क्योंकि उस व्यक्ति या स्थिति का सामना करने से आप थक जाते हैं और भावनात्मक ऊर्जा कम हो जाती है। लेकिन इन लोगों या स्थितियों से बचने का परिणाम बदतर हो सकता है। यह अनसुलझे संघर्षों और संवाद की ग़लतफ़हमियों की ओर ले जा सकता है, जिनसे समय और ऊर्जा की भारी मात्रा बरबाद हो सकती है, हमारा मनोबल नष्ट हो सकता है और हमारी उत्पादकता व शांति प्रभावित हो सकती है।

सुखद होने के लिए बस इतना ही चाहिए कि हम दूसरे लोगों में और दूसरी चीज़ों में रुचि लें, यह पहचानें कि सामान्यतः दूसरे लोग भी हमारे जैसे ही हैं और कृतज्ञता से यह स्वीकार करें कि विविधता जीवन का एक सुंदर गुण है।

—फ़्रैंक स्विनरटन

यह विश्वास डेल कारनेगी प्रशिक्षण के केंद्र में है कि किसी स्थिति या संबंध में हम जिस इकलौती चीज़ को नियंत्रित कर सकते हैं, वह हम ख़ुद हैं। यह

पहचानना महत्त्वपूर्ण है कि हमारी अनुभूतियाँ, पूर्वाग्रह, नज़रिये, व्यवहार, भावनाएँ और संवाद शैली या तो सहायता कर सकती है या इसे बाधित कर सकती है।

हमारे नियंत्रण में जो चीज़ें हैं, उनकी सूची

अगर हम मुश्किल लोगों का प्रबंधन करना, सहयोग हासिल करना और संघर्ष कम करना चाहते हैं, तो हमें कौन से काम करने चाहिए? डेल कारनेगी जिन कामों का सुझाव देते हैं, उनकी सूची की समीक्षा करना एक अच्छा विचार हो सकता है। हम इन्हें एक से दस तक क्रम में जमा सकते हैं, जिसमें पहले क्रम पर वह काम हो जो हम सबसे अच्छी तरह करते हैं और दसवें क्रम पर वह काम हो, जिसमें हमारे पास बेहतरी का सबसे ज़्यादा अवसर हो।

- दूसरों को शंका का लाभ दें
- अपने "हॉट" बटनों को जानें
- रक्षात्मक बनने या चीज़ों को व्यक्तिगत रूप से लेने से बचें
- समझने के लिए सुनें और बॉडी लैंग्वेज को समझने की कोशिश करें
- सकारात्मक नज़रिया रखें
- स्थिति को सामने वाले के दृष्टिकोण से देखने की कोशिश करें
- सौदेबाज़ी करें और उचित होने पर समझौता करें
- मान्यताएँ बनाने से बचें
- सृजनात्मक फ़ीडबैक देना और स्वीकार करना सीखें

यहाँ सुधार का हमारा सबसे बड़ा अवसर क्या है?

प्रकृति में सबसे दृढ़ अवरोध एक इंसान के विचारों और दूसरे इंसान के विचारों के बीच होता है।

—विलियम जेम्स

अलग-अलग प्रकार के मुश्किल लोगों से निबटना

जब तक कि वे परिवार का ही हिस्सा नहीं हों, तब तक हम अक्सर अपने जीवन के सबसे मुश्किल लोगों से बच सकते हैं... सिवाय ऑफ़िस के। जब वे अगले क्यूबिकल में बैठे हों, तो उनसे बचा तो नहीं जा सकता, लेकिन निबटा ज़रूर जा सकता है। यहाँ मुश्किल लोगों के कुछ प्रकार बताए जा रहे हैं और यह भी बताया जा रहा है कि उनसे क्या उम्मीद करनी है :

नहीं-कहने वाले। ये लोग आदतन नकारात्मक होते हैं और संसार के बारे में इनका नज़रिया भी नकारात्मक होता है। इन्हें चिड़चिड़े नाम से भी जाना जाता है। ये गुस्सैल, घमंडी, खिन्न और कुंठित लग सकते हैं। वे दूसरों की अक्सर आलोचना और शिकायत करते हैं। नहीं-कहने वाले कहते हैं : "यह कभी काम नहीं करेगा," "आप मज़ाक़ कर रहे हैं," "शर्त लगा लें?"

स्थिर, जिन्हें दबंग भी कहा जाता है, वे लोग हैं जो परिवर्तन का प्रतिरोध करते हैं। वे या तो लड़ाकू बनकर बाहरी रूप से प्रतिरोध करते हैं, या फिर निष्क्रिय-आक्रामक अंदाज़ में प्रतिरोध करते हैं। वे परिवर्तन से सहमत नज़र आ सकते हैं, लेकिन वे इसके अमल को धराशायी कर देते हैं। वे कहते हैं, "हमने इसे पहले भी आज़माया था," या, किसी कामकाजी स्थिति में, "प्रबंधन को पता ही नहीं है कि स्थिति कैसी है।"

नौ-से-पाँच वाले सुबह नौ बजे से शाम पाँच बजे तक काम करते हैं, ना इससे ज़्यादा, ना इससे कम। वे आपको यह तुरंत बता देते हैं कि यह उनका काम नहीं है। वे समय काटने और वेतन हासिल करने के लिए न्यूनतम काम करते हैं। वे कहते हैं, "यह मेरा काम नहीं है," "मेरे पास इसे करने के लिए समय नहीं है," और "अब घर जाने का समय हो गया है।"

आलोचना या गपशप करने वालों को हर एक के मामले में टाँग अड़ाने और अफ़वाहें फैलाकर मज़े लेने में आनंद आता है। जो लोग हमारे मुँह पर एक चीज़ कहते हैं और हमारी पीठ पीछे दूसरी चीज़ कहते हैं, वे इसी श्रेणी में आते हैं। उनका ओछापन इस बात का संकेत हो सकता है कि वे एकाकी हैं और कामकाज उनके व्यवहार का एकमात्र स्रोत है।

वायलिन वादकों में आम तौर पर "मैं दुखी हूँ" नज़रिया होता है। वे देर तक रुक सकते हैं या अतिरिक्त काम कर सकते हैं, लेकिन फिर काम के बोझ के बारे में शिकायत कर सकते हैं। वे लगातार रोते रहते हैं कि वे

कितने ज़्यादा व्यस्त हैं और हमें जिन चीज़ों पर ध्यान केंद्रित करना चाहिए, उन पर दूसरी कौन सी चीज़ें प्राथमिकता ले रही हैं। वे कह सकते हैं, "मुझे ही सबसे मुश्किल काम मिलते हैं।" "मैं कल रात नौ बजे तक ऑफ़िस में ही था और इस झमेले से बाहर निकलने की कोशिश कर रहा था।" "मैं नहीं जानता कि मैं इस तक कब पहुँचूँगा; मेरी कंप्यूटर में तीन प्रोजेक्ट पहले से ही पड़े हैं।"

जब ग़लतियाँ होती हैं, तो *दोष देने वाले* खुद को छोड़कर किसी की ओर भी फुर्ती से अँगुली दिखा देते हैं। वे उस ग़लती के लिए ज़िम्मेदार क्यों नहीं हैं, इस बारे में इन लोगों के पास हमेशा कोई ना कोई जवाब होता है। वे बहाने बनाने और टालमटोल करने में भी विशेषज्ञ हो सकते हैं। वे यह कह सकते हैं, "मुझे ये आँकड़े किसी दूसरे ने दिए थे।" "मुझे बताया गया था कि यह ऊँची प्राथमिकता का मामला नहीं है।"

मुश्किल लोगों से सौदेबाज़ी और समझौता करने की बारह सलाहें

सौदेबाज़ी समाधान पर सहमत होने की कोशिश वाली प्रक्रिया है। समझौता करना या आपस में सुखद समाधान पर पहुँचना सफल सौदेबाज़ियों का परिणाम है। समझौता लचीलेपन का नाम है। इसका मतलब है जब हमारे सामने "दीवार" खड़ी हो, तो वैकल्पिक समाधान उत्पन्न करने की योग्यता। सौदेबाज़ी और समझौता करना सीखना हमारी सफलता के लिए अनिवार्य है, चाहे हम किसी ऐसे व्यक्ति के साथ यह कर रहे हों, जिससे हमारी पटरी नहीं बैठती है। या दूसरों के सामने कोई विचार रख रहे हों, जिसके बारे में हम जानते हैं कि यह कारगर होगा, लेकिन दूसरे इसे अपनाना नहीं चाहते हों। या ऑफ़िस या घर पर तंत्रों में कोई परिवर्तन हो या फिर कोई मैदानी युद्ध हो, जिसे ख़त्म करने की ज़रूरत हो।

डेल कारनेगी के सुझाव ये हैं :

1. *सकारात्मक नज़रिया रखें।* हमारा नज़रिया परिणाम के लिए अनिवार्य है। आपसी लाभ तक पहुँचने की कहीं बेहतर संभावना होती है, अगर हम सौदेबाज़ी करते समय इसे सीखने का अवसर मानें और द्विपक्षीय जीत का परिणाम हासिल करने का लक्ष्य रखें।

2. *रज़ामंदी वाली जगह पर मिलें।* मिलने के लिए आपसी सहमति से एक आरामदेह जगह खोजें, जो सभी शामिल लोगों के लिए आरामदेह हो। इस बात के लिए सहमति बनाएँ कि मुलाक़ात कब करनी है और इस प्रक्रिया में कितना समय लग सकता है। जब भी संभव हो, तो आमने-सामने बैठकर ही सौदेबाज़ी करें। फ़ोन व ईमेल का इस्तेमाल यथासंभव नहीं करें, क्योंकि चेहरे के भाव, शाब्दिक सुर और दूसरे संकेतों के अभाव में सौदेबाज़ी विफल हो सकती है।

3. *समस्या को स्पष्टता से परिभाषित करें।* सरल और तथ्यात्मक शब्दों में समस्या के कथन पर सहमत हों। अगर स्थिति पेचीदा है, तो बड़ी समस्याओं को छोटे-छोटे टुकड़ों में बाँटने के तरीक़े खोजें और एक बार में एक समस्या से निबटें।

4. *अपना होमवर्क करें।* योजना बनाने का समय निकालें। हमें सिर्फ़ यही पता नहीं होना चाहिए कि हमारे लिए क्या दाँव पर है, बल्कि हमें सामने वाले पक्ष की चिंताओं और प्रेरणाओं को भी जानने की ज़रूरत है। अतीत की या पिछली स्थितियों पर विचार करें, जिनसे सौदेबाज़ी पर प्रभाव पड़ सकता है। अनिवार्य (जिन चीज़ों पर सौदेबाज़ी नहीं हो सकती) और पाने-में-अच्छी (जिन चीज़ों पर सौदेबाज़ी हो सकती है) का फ़र्क़ पहचानें। यह तय करें कि सर्वश्रेष्ठ समाधान क्या होगा, न्यायपूर्ण व तार्किक सौदा कैसा होगा और न्यूनतम स्वीकृत सौदा कैसा होगा।

5. *ईमानदारी से ख़ुद की जाँचसूची बनाएँ।* यह तय करें कि सामने वाले व्यक्ति और प्रक्रिया में हमें कितना विश्वास है। अपने व्यक्तित्व के उन पहलुओं के बारे में चेतन बनें, जो प्रक्रिया में मदद कर सकते हैं या इसे बाधित कर सकते हैं।

6. *साझी रुचियों की तलाश करें।* समानताएँ खोजकर और स्थापित करके एक साथ आ जाएँ। चूँकि संघर्ष में अनुभूत भिन्नताओं को अधिकतम और समानताओं को न्यूनतम करने की प्रवृत्ति होती है, इसलिए उन साझे लक्ष्यों, उद्देश्यों या शिकायतों को भी खोजें, जो यह बताती हों कि हम इसमें एक साथ हैं। भविष्य पर ध्यान केंद्रित करें, क्या करना है इस बारे में बात करें और मिलकर समस्या का मुक़ाबला करें।

7. *भावनाओं से नहीं, तथ्यों से निबटें।* व्यक्तित्वों को नहीं, समस्याओं को संबोधित करें। सामने वाले पर हमला करने की प्रवृत्ति से बचें। उसके विचारों और रायों की आलोचना करने से बचें। अतीत पर ध्यान केंद्रित करने या सामने वाले को दोष देने से परहेज़ करें। तार्किक, लक्ष्य-केंद्रित मानसिकता बनाए रखें। इससे व्यक्तित्वों का संघर्ष नहीं होगा, समस्या व्यक्तिपरक नहीं रहेगी और सामने वाला रक्षात्मक नहीं होगा।

8. *ईमानदार बनें।* चालाकी नहीं करें। हमारे लिए क्या महत्त्वपूर्ण है, इस बारे में ईमानदार और स्पष्ट बनें। इतना ही महत्त्वपूर्ण यह है कि हम स्पष्टता से बता दें कि हमारे लक्ष्य, मुद्दे और उद्देश्य हमारे लिए इतने महत्त्वपूर्ण क्यों हैं।

9. *विकल्प पेश करें और प्रमाण दें।* ऐसे विकल्प दें, जो समझौते की इच्छुकता को दर्शाते हों। उन क्षेत्रों में छूट देने पर विचार करें, जो सामने वाले के लिए ज़्यादा मूल्यवान हो सकते हैं, लेकिन हमारे लिए उतने महत्त्वपूर्ण नहीं हैं। सामने वाले के हितों के संदर्भ में विकल्प बनाएँ और अपने दृष्टिकोण की पुष्टि के लिए प्रमाण दें।

10. *विशेषज्ञ संवादकर्ता बनें।* कोई भी चीज़ संघर्ष का आपसी संतोषजनक समाधान खोजने का इतना संकल्प नहीं दिखाती है, जितना कि उत्कृष्ट संवाद योग्यताओं को लागू करना दिखाता है। प्रश्न पूछें और सुनें। आप कितना समझे हैं, इसकी जाँच करने के लिए अपने शब्दों में उसकी बात दोहराएँ। सामने वाले पक्ष की चिंताओं में सच्ची रुचि लें। हास्यबोध के ज़रिये तनाव कम करें, सामने वाले को "गुबार" निकालने दें और उसके विचारों को मान्यता दें। अपनी स्थिति पर कम ध्यान केंद्रित करें और उन तरीक़ों पर ज़्यादा ध्यान केंद्रित करें, जिनसे हम किसी समाधान या समझौते की दिशा में बढ़ सकते हैं।

11. *एक अच्छे अंदाज़ पर बात ख़त्म करें।* द्विपक्षीय जीत का प्रस्ताव बनाएँ और जाँच करके यह सुनिश्चित करें कि हर शामिल व्यक्ति वहाँ से जाते समय यह महसूस करे कि "जीत" उसकी हुई है। इस पर हाथ मिलाएँ, कार्य क़दमों पर सहमत हों कि हर क़दम के लिए कौन ज़िम्मेदार है, सफलता कैसे मापी जाएगी और कैसे तथा कब मूल्यांकन किया जाएगा।

ग़ैर-महत्त्वपूर्ण समस्याओं के मामले में बंद मार्ग को स्वीकार करें – असहमत होने के लिए सहमत हों।

12. *प्रक्रिया का आनंद लें। दूसरे लोगों के दृष्टिकोण जानने के लाभ देखें। लोग बताते हैं कि संघर्ष से उबरने और सहमति पर पहुँचने के बाद संबंध और भी ज़्यादा शक्तिशाली बना। हर सौदेबाज़ी पर विचार करें और उससे सीखें। प्रक्रिया और समाधान का मूल्यांकन करने के लिए मापदंड तय करें।*

मुश्किल लोगों के साथ निबटने के डेल कारनेगी के दूसरे सुझाव हैं :

सच्ची परवाह या रुचि दिखाएँ। लोगों की निजता का सम्मान करें। प्रश्न पूछें। याद रखें कि लोगों के दृष्टिकोण उनके जीवन के अनुभवों से प्रभावित होते हैं। थोड़ा जोखिम लें। ईमानदार और पारदर्शी बनें। आलोचना किए बिना सुनें। यह पहचानें कि हमारे पास अपना खुद का "बोझ" भी है।

इन चीज़ों से बचें : खोद-खोदकर पूछना, मान्यताएँ बनाना, चीज़ों को व्यक्तिगत रूप से लेना और "उनकी समस्या सुलझाना।"

16

हर संघर्ष का एक बेहतरीन समाधान हो सकता है

जब जॉन डी. रॉकेफ़ेलर सीनियर स्टैंडर्ड ऑइल कंपनी बना रहे थे, तो उन्होंने कहा था, "लोगों के साथ व्यवहार करने की योग्यता शकर या कॉफ़ी जैसी किसी वस्तु की तरह ही ख़रीदी जा सकती है और मैं इस योग्यता के लिए इतने ज़्यादा पैसे दूँगा, जितने संसार की किसी दूसरी चीज़ के लिए नहीं दूँगा।"

लोगों के साथ व्यवहार करने की योग्यता आज हमारे तेज़ गति के परिवेश के दबावों की वजह से पहले से भी ज़्यादा महत्त्वपूर्ण हो चुकी है। कहा जाता है कि संघर्ष से उत्पादक तरीक़े से निबटने की योग्यता सबसे चुनौतीपूर्ण योग्यताओं में से एक होती है। दिन प्रति दिन के संघर्ष सर्वश्रेष्ठ योजनाओं व प्रोजेक्टों और लोगों तथा परिवारों की सबसे अच्छे इरादों वाली टीम को भी दुर्बल बना सकते हैं।

संघर्ष पर एक नई दृष्टि

डेल कारनेगी कहते हैं कि घर-परिवार में हम संघर्ष का स्वागत घबराहट के साथ करते हैं, लेकिन यह दरअसल कारोबारी जीवन का सामान्य हिस्सा है। बहुत कम कार्यसंचालन आदर्श होते हैं और ग़लतियों को दुरुस्त करने की ज़रूरत होती है। परिणाम संघर्ष होता है।

139

संघर्ष दरअसल लचीलापन और करिश्मा प्रदर्शित करने के अच्छे अवसर प्रदान करते हैं। संघर्षों का एक भावनात्मक पहलू होता है, जिसे उतनी ही अच्छी तरह संबोधित करने की ज़रूरत होती है, जितना कि वास्तविक स्थिति को सुलझाने की होती है।

सकारात्मक पक्ष : लगभग सभी संबंधों में जब हम समस्याओं पर काम करते हैं और संघर्ष को विकास के अनुभव के रूप में देखते हैं, तो संबंध और भी ज़्यादा शक्तिशाली विकसित हो सकता है।

विरोध से नहीं डरें। याद रखें, पतंग हवा के साथ नहीं, बल्कि हवा के ख़िलाफ़ उठती है।

—हैमिल्टन राइट मेबी

अपनी संघर्ष प्रतिक्रियाओं पर अपना स्कोर जानें

नीचे दिए गए कथनों पर अपनी प्रतिक्रिया दर्ज करें। हर कथन को सावधानी से पढ़ें और हर वाक्य के सामने जवाब के पैमाने पर संख्या लिखें।

1 – शायद ही कभी

2 – कई बार

3 – ज़्यादातर समय

1. ... मुझे किसी दूसरे के दृष्टिकोण की ओर झुकाया जा सकता है।

2. ... मैं जिन लोगों से असहमत होता हूँ, उनकी बात सुनना छोड़ देता हूँ।

3. ... मैं हाथ के मुद्दे को कूटनीति से संबोधित करता हूँ और व्यक्ति पर आक्रमण नहीं करता।

4. ... मैं सोचता हूँ कि दूसरे "दबंग" बनकर मुझसे अपनी बात मनवाने की कोशिश करते हैं।

5. ... मैं अपने विचार और विश्वास कूटनीति से व्यक्त करता हूँ, जब वे सामने वाले के व्यक्त विचारों व विश्वासों से भिन्न होते हैं।

6. ... जब मैं किसी के साथ असहमत होता हूँ, तो अपनी राय व्यक्त करने के बजाय मैं इसे अपने तक ही रखता हूँ।

7. ... मैं खुले दिमाग़ से दूसरे लोगों का दृष्टिकोण सुनता हूँ।

8. ... मैं अपनी भावनाएँ ख़ुद पर हावी होने देता हूँ।

9. ... मैं अपनी बात रखने के लिए अपनी आवाज़ ऊँची कर देता हूँ।

10. ... मुझमें अपनी बात रखते समय दूसरे लोगों को नीचा दिखाने की प्रवृत्ति है।

11. ... मैं दूसरों के साथ सौदेबाज़ी और समझौता करने के तरीक़े तलाशता हूँ।

12. ... मुझे बताया गया है कि मैं बहुत ज़्यादा महत्त्वाकांक्षी हूँ।

13. ... मैं यह सुनिश्चित करता हूँ कि किसी विवाद में मेरी राय सुनी जाए।

14. ... मेरे हिसाब से बैठकों में संघर्ष आवश्यक है।

15. ... मैं बैठकों में सबसे ज़्यादा मुखर होता हूँ, जब मैं अपनी बात सामने वाले तक पहुँचाने की कोशिश करता हूँ।

स्कोरिंग :

प्रश्न 1, 2, 4, 6, 8, 9, 10, 12, 13, 14, 15 के कुल योग को जोड़ लें...

इस स्कोर से प्रश्न 3, 5, 7, 11 के स्कोर के योग को घटा लें...

शेष :

आपके स्कोर का क्या मतलब है?

1-4 : "निष्क्रिय" – आप इतने भोले हैं, जो मुश्किल लोगों को अपने ऊपर चढ़ाई करने की अनुमति दे रहे हैं। आपको कूटनीतिक और व्यवहारकुशल अंदाज़ में अपने विचारों तथा रायों के लिए खड़ा होना सीखने से लाभ होगा।

5-10 : "निश्चयात्मक" - आप लोगों के साथ, ख़ास तौर पर मुश्किल लोगों के साथ, निबटते वक़्त पेशेवर दृष्टि से निश्चयात्मक होते हैं। भिन्न-भिन्न दृष्टिकोणों को सुनने के प्रति खुले रहना जारी रखें और अपने विचार व राय उचित रूप से व्यक्त करें।

11 और इससे ज़्यादा : "आक्रामक" - आप इतने लड़ाकू हो सकते हैं कि लोग आपके साथ बातचीत करने से कतरा सकते हैं। आपको सुनना सीखने और अपनी रायों को ज़्यादा प्रभावी ढंग से व्यक्त करना सीखने से लाभ होगा।

अंतर्वैयक्तिक संघर्षों से निबटने के बारे में विचार :

- खुद से पूछें, "मेरे व्यक्तिगत पूर्वाग्रह इस संबंध को कितना प्रभावित करते हैं?"

- तीन व्यवहारों को लिखें, जिन्हें बदलकर आप इस संबंध में संघर्ष को कम कर सकते हैं। कम से कम तीन महीनों तक इन परिवर्तनों पर अमल करने का संकल्प लें।

- सामने वाले से पूछें कि आप विद्यमान संघर्ष को कैसे ख़त्म कर सकते हैं। सच्चे, निर्मम फ़ीडबैक को प्रोत्साहित करें।

- खुद को सामने वाले की स्थिति में रखें। आपको क्या लगता है, वे संघर्ष कम करने के आपके समर्पण को किस तरह देखते हैं? और क्यों?

- उन पाँच शक्तियों की सूची बनाएँ, जिन्हें आप सामने वाले में देखते हैं। फिर उन पाँच लाभों की सूची बनाएँ, जो इस संबंध के बेहतर होने से आपको होंगे।

दिशा के बारे में संघर्षों से निबटने के बारे में विचार :

- खुद से पूछें, "क्या मैं दिशा या स्वप्न के बारे में स्पष्ट हूँ?"

- विसंगति को स्पष्ट करें, ताकि तटस्थ शब्दों में आसानी से इसका वर्णन किया जा सके और काम किया जा सके।

- दोस्ताना, ग़ैर-मुठभेड़ वाले अंदाज़ में सामने वाले व्यक्ति से विसंगति

को संबोधित करने से अनुमति माँगें, ताकि आप सहमति हासिल कर सकें।

- "आप" वाले संदेशों के बजाय "मैं" और "हम" वाले संदेशों का इस्तेमाल करें।
- यदि मूल्यों में कोई फ़र्क़ है, तो हमेशा ज़्यादा ऊँचे मूल्य के साथ जाएँ।
- वास्तविक वादे करें।

17

संघर्ष में दिमाग़ ठंडा रखना एक बड़ा काम है

क्रोध और अविश्वास जैसे प्रबल भाव संघर्ष का कारण भी हैं और परिणाम भी हैं। ये भावनाएँ अक्सर विवादित मुद्दों को छिपा देती हैं। वैसे भावनाएँ वास्तविक होती हैं और उन्हें सुलझाना ज़रूरी होता है, ताकि संघर्ष इस तरह सुलझ जाए जिससे हर व्यक्ति को राहत मिले।

ज़्यादातर संघर्ष चक्र में चलता है। यह एक घटना से शुरू होता है, जिसकी व्याख्या हम इस तरह कर लेते हैं कि यह संघर्ष की ओर ले जाती है। इसके बाद प्रतिक्रिया में भावनात्मक, शारीरिक और नज़रियों की शृंखला उत्पन्न होती है। जब दूसरे इस चक्र में उलझते हैं, तो यह हमें स्पष्ट दिख जाता है। लेकिन जब हम ख़ुद इस चक्र में उलझते हैं, तो इसे देखना आम तौर पर ज़्यादा मुश्किल होता है।

चक्र किसी घटना से शुरू होता है, जो संभावित संघर्ष को शुरू करती है। यह तुलनात्मक रूप से महत्त्वहीन चीज़ हो सकती है या कोई ऐसी चीज़, जो बड़े मुद्दे में बदल गई हो। कोई भी घटना संघर्ष को प्रेरित कर सकती है :

- कही या सुनी गई कोई चीज़
- ख़बर या आलोचना

- किसी दूसरे व्यक्ति के साथ बातचीत
- कामकाज में आया संकट

व्याख्या

हम घटना में अपनी ख़ुद की व्याख्या निकालते हैं। हमारे अनुभव, असुरक्षाएँ, पूर्वाग्रह और घटना तथा व्यक्ति के प्रति नज़रिये वे घटक हैं, जो चेतन और अवचेतन रूप से हमारी व्याख्या को प्रभावित करते हैं। घटना की हमारी व्याख्या बाद की प्रतिक्रियाओं के लिए अत्यंत महत्त्वपूर्ण होती है, जिनका अनुभव हम चक्र में करते हैं :

- मैं सोचता हूँ कि उस व्यक्ति ने मेरा अपमान किया।
- मैं नहीं सोचता कि उससे उनका कोई मतलब था।
- वह ख़बर सरासर ग़लत है।
- मैंने जो सुना, उसके बारे में मुझे ज़्यादा पता लगाना होगा।
- वह व्यक्ति मेरे प्रति सचमुच बदतमीज़ था।
- उस शख़्स के बुरे दिन चल रहे हैं।

भावनात्मक प्रतिक्रिया

घटना की हम जो व्याख्या करते हैं, उससे एक भावनात्मक प्रतिक्रिया प्रेरित होती है। कई बार सामने वाला व्यक्ति हमारे मन में प्रेरित हुई भावना के बारे में जानता ही नहीं है।

हमारी व्याख्या के अनुसार हमारी भावनात्मक प्रतिक्रिया यह हो सकती है :

- क्रोध, द्वेष, चोट
- शांत, केंद्रित, अविचलित
- हमारी भावनात्मक प्रतिक्रिया इनके बीच के किसी भी बिंदु पर हो सकती है

शारीरिक प्रतिक्रिया

चिकित्सा विशेषज्ञों ने हमारी भावनाओं और हमारे शारीरिक स्वास्थ्य के आपसी संबंध का लंबे समय से अध्ययन किया है। यह व्यापक तौर पर माना जाता है कि भावनात्मक समस्याएँ अक्सर शारीरिक समस्याओं को प्रेरित करती हैं। संघर्ष के दौर में इनका अनुभव करना असामान्य नहीं है :

- अनिद्रा
- घबराहट
- चिड़चिड़ापन
- सिरदर्द
- पेट दर्द

नज़रिये की प्रतिक्रिया

जब हम संघर्ष की स्थितियों से गुज़रते हैं, तो सभी शामिल लोगों के प्रति हमारा नज़रिया अवश्यंभावी रूप से बदल जाता है। अगर संघर्ष से पहले संबंध दोस्ताना और गर्मजोशी भरा था, तो हमारा नज़रिया स्पष्ट रूप से बदलकर ज़्यादा सतर्क और भावहीन हो सकता है। सबसे बुरी स्थिति तो तब होती है, जब संघर्ष गुज़रने के बाद भी हमारा नज़रिया उस व्यक्ति के प्रति शत्रुतापूर्ण होता है।

यदि संघर्ष इस तरह से सुलझ जाता है कि हर व्यक्ति संतुष्ट हो जाता है, तो हम सामने वाले के प्रति पहले से ज़्यादा सम्मानजनक और खुला नज़रिया रख सकते हैं।

परिणाम

जब हम बदले हुए नज़रिये से सामने वाले पर प्रतिक्रिया करते हैं, तो इसका हमारे संबंध पर दीर्घकालीन प्रभाव पड़ता है। अगली बार जब हम इस व्यक्ति के साथ खुद को संघर्ष की स्थिति में पाते हैं, तो हम इसे सफलतापूर्वक सुलझाने के लिए बेहतर या बदतर स्थिति में होते हैं, जो हमारी पिछली मुलाक़ात के बाद से हमारे बीच विद्यमान रहे नज़रियों पर निर्भर करता है।

क्रोध का ख़तरा

संघर्ष की स्थिति की व्याख्या भावनात्मक प्रतिक्रिया की ओर ले जाती है। क्रोध संघर्ष की स्थिति में एक आम भावनात्मक प्रतिक्रिया है। लोग अक्सर बहुत कम समय में महत्त्वपूर्ण निर्णय लेने के दबाव में रहते हैं। ऐसी परिस्थितियों में लोग नाराज़ हो सकते हैं और अति संघर्ष वाले तौर-तरीक़ों से ऐसे काम कर सकते हैं, जिन पर उन्हें बाद में अफ़सोस हो सकता है।

अगर हम सावधानी से सोचे बिना ही ख़ुद को तुरंत क्रोध की भावनाओं के वशीभूत कर लें, तो हम गंभीर जोखिम में रहते हैं।

क्रोध संघर्ष की स्थितियों को इस तरह बिगाड़ता है :

- विश्वास को नष्ट करता है
- विवेक को विकृत करता है
- सामने वाले की पसंद के प्रति परवाह घटा देता है
- हमें अपने लक्ष्यों को नज़रअंदाज़ करने के लिए धकाता है

क्रोध से निबटना

क्रोध प्रबंधन विशेषज्ञ कहते हैं कि क्रोध अक्सर वह भाव होता है, जो तब व्यक्त किया जाता है, जब व्यक्ति यह नहीं चाहता या जानता है कि सच्ची भावनाओं को कैसे व्यक्त करे। ये भावनाएँ अक्सर विवादित मुद्दों को अस्पष्ट कर देती हैं। दूसरे शब्दों में, क्रोध अक्सर इन भावनाओं को ढँकने के लिए व्यक्त किया जाता है :

• चोट	• कुंठा
• अपमान	• दुविधा
• शर्म	• चिंता
• अविश्वास	• डर
• निराशा	• शर्म

यदि क्रोध पर क़ाबू नहीं किया जाए, तो यह हमें प्रायः उस चोट से ज़्यादा चोट पहुँचाता है, जिसने इसे उत्तेजित किया है।

—सेनेका

विनाशकारी भावनात्मक अभिव्यक्तियाँ

दोष

हम सभी संघर्ष की ऐसी स्थिति में रहे हैं, जहाँ शामिल लोगों ने समस्या सुलझाने के बजाय दोषारोपण में ज़्यादा समय बिताया था। दूसरों को दोष देना स्पष्ट रूप से वह तरीक़ा है, जिसका इस्तेमाल व्यक्ति और समूह खुद पर से दोष हटाने के लिए करते हैं। इससे हाथ की समस्या का समाधान शायद ही कभी हो पाता है।

सामने वाले पर हमला करना

दोष देने की तरह ही हमला करना भी एक रक्षात्मक कार्यप्रणाली है, जिसका इस्तेमाल संघर्ष के परिणामों की ज़िम्मेदारी किसी दूसरे पर डालने के लिए किया जाता है। यदि संघर्ष पूरी तरह से सामने वाले व्यक्ति की ग़लती है, तो इसे सुलझाने के लिए हमें खुद को नहीं बदलना पड़ता है। लेकिन सामने वाले पर हमला करने से होता यह है कि इससे सामने वाले की तरफ़ से रक्षात्मक प्रतिशोध, विनाशकारी प्रचार या संबंध-विच्छेद उत्तेजित हो जाता है।

यदि हम इसका दमन करते हैं

इन भावनाओं का दमन करना एक उपयोगी रणनीति दिखती है, जब तक कि वे अंततः बाहर नहीं आ जाएँ। कुछ लोग आम तौर पर इतने सामाजिक होते हैं कि वे अपने क्रोध को छिपा लेते हैं या उसका दमन कर लेते हैं। हममें से कई को यह अनुभव रहा है कि कोई सहकर्मी या ग्राहक क्रोध के आवेश में आ गया है, जिसकी हम उम्मीद नहीं कर रहे थे। इन स्थितियों में हमारी सामान्य प्रतिक्रिया यह सोचने की होती है कि सामने वाले के साथ कोई गंभीर गड़बड़ी है।

स्वस्थ भावनात्मक अभिव्यक्तियों की कुंजियाँ

- **भावना को सटीक नाम दें**

अगर क्रोध के भाव सतह पर आएँ, तो रुककर सोचें कि वह कौन सी असली भावना है, जिसका हम अनुभव कर रहे हैं। फिर क्रोध कहने के बजाय हम इसे इसका असली नाम दे सकते हैं।

- **आलोचनारहित बनें**

स्वस्थ अभिव्यक्तियाँ समस्या या कुंठा को संबोधित करती हैं, लेकिन वे सामने वाले व्यक्ति की आलोचना या निंदा नहीं करती हैं।

- **सीधे अंदाज़ में व्यक्त करें**

कोई चालाकी नहीं, कोई दुराव-छिपाव नहीं, कोई छल-कपट नहीं। स्वस्थ भावनाएँ ईमानदारी से और सीधे संप्रेषित की जाती हैं। समझने में सामने वाले की मदद करने के लिए भावना का वर्णन उपमा में करें।

- **सामने वाले को दोष नहीं दें या उस पर हमला नहीं करें**

ऐसा कोई कारण नहीं है कि हम अपने क्रोध की वजह से सामने वाले पर हमला कर दें। हम हमला नहीं कर रहे हैं या दोष नहीं दे रहे हैं, यह सुनिश्चित करने के लिए "मैं" वाले संदेशों का इस्तेमाल करें ("मैं… के बारे में इस तरह से महसूस करता हूँ।")

- **यह सत्य बताएँ कि दूसरे लोग हमारी भावनाओं का कारण नहीं हैं**

दूसरे लोगों का व्यवहार हमारी भावनाओं को प्रभावित कर सकता है, लेकिन सामने वाला हमारी भावनाओं का कारण नहीं होता। अगर हम पाते हैं कि हम यह कहना चाहते हैं, "आप मुझे नाराज़ महसूस कराते हैं," तो ठहरकर इस बारे में सोचें कि दरअसल कौन सी चीज़ हमें नाराज़ या विचलित महसूस करा रही है।

संवाद : समस्या पर पूरी बात करें

ठहर जाएँ और शांत हो जाएँ

जब दोनों ही लोग गुस्से में हों, तो समस्या पर बात करने में कोई तुक नहीं

है। इसे थोड़ा समय दें। गुस्से को ठंडा होने दें। कुछ समय तक किसी दूसरी चीज़ या व्यक्ति पर ध्यान केंद्रित करें। जब दोनों पक्ष थोड़ा संतुलन हासिल कर लें, तो मिलकर बातचीत करें।

बोलें और एक दूसरे की बात सुनें

सामने वाले व्यक्ति से कुछ नहीं छिपाएँ या ख़ामोशी के हथियार का इस्तेमाल नहीं करें। बात करते रहें। अपनी बात ईमानदारी से और खुलकर व्यक्त करें। अपनी भावनात्मक और शारीरिक प्रतिक्रियाओं का वर्णन करने के लिए उपमा का इस्तेमाल करें। और सबसे बढ़कर, संदेश को छलनी से छानें बिना या आलोचना किए बिना यह सुनें कि सामने वाला क्या कह रहा है।

पता लगाएँ कि आप दोनों को किस चीज़ की ज़रूरत है

निरंतर समाधान विकसित करने के बजाय ये संवाद बहुत बार शिकायतों पर केंद्रित होते हैं। यह पता लगाएँ कि हर पक्ष स्थिति से क्या चाहता है और फिर ऐसे समाधान खोजने की कोशिश करें, जहाँ हर एक की आवश्यकताएँ पूरी हो जाएँ।

विचारमंथन समाधान

संघर्ष वाले हर पक्ष के पास आदर्श परिणाम का चित्र होता है। चुनौती यह है कि संघर्ष की स्थिति पर अपने समाधानों को जबरन थोपने से बचा जाए। इसके बजाय हर एक की सृजनात्मक सोच की बदौलत समाधानों को प्रकट होने दें।

वह विचार सुनें, जिसके साथ आप दोनों संतुष्ट हों

सामने वाला पक्ष पूरी तरह से हमारे समाधान से सहमत हो या हम पूरी तरह उसके समाधान से सहमत हों, इसके बजाय ज़्यादातर संघर्षों में समझौते की ज़्यादा संभावना रहती है। सामने वाले पक्ष के साथ नकारात्मक संघर्ष चक्र को तोड़ने का एक तरीक़ा ऐसे समाधान खोजना है, जिसे हम दोनों ही उन परिस्थितियों में न्यायपूर्ण मानते हों।

योजना बनाएँ और उस पर अमल करें

संघर्ष दोबारा उत्पन्न नहीं हो, यह सुनिश्चित करने के लिए हम एक नई रूपरेखा बनाते हैं। हम मिलकर काम करने के तरीक़ों की योजना बनाते

हैं, जो ग़लतफ़हमियों और भावनात्मक विस्फोटों को न्यूनतम रखे। सबसे महत्त्वपूर्ण, हम मिलकर इस बात पर सहमत होते हैं और बिना किसी हिचक के इस पर तुरंत काम करते हैं।

संघर्ष के संवाद का नमूना

संवाद की बुनियाद रखना

- "मैं यह पसंद करूँगा कि हम मिलकर बैठें और इस मुद्दे पर बातचीत करें।"

- "आपके लिए कौन सा समय अच्छा रहेगा?"

शुरू करना

- सामने वाले का अभिवादन करें और मिलने के लिए धन्यवाद दें।

- "अगर आप चाहते हों, तो हम समस्या पर बात कर सकते हैं। क्या यह ठीक है?"

संवाद करना

- "हम एक दूसरे को इस घटना की अपनी-अपनी व्याख्या बता देते हैं? आप पहले बताना चाहेंगे या मैं बताऊँ?"

- सामने वाले की बात ग़ौर से सुनें। स्पष्टीकरण नहीं दें, बाधा नहीं डालें या ख़ुद को तर्कसंगत साबित नहीं करें।

- "तो आप यह कह रहे हैं कि..." (आपने जो सुना है, उसका सार दोहराएँ।)

- "आपको क्या महसूस होता है कि इस स्थिति से आपको व्यक्तिगत रूप से क्या ज़रूरत है?"

- अपनी व्याख्या का वर्णन सीधी शब्दावली में करें। अपनी भावनात्मक और शारीरिक प्रतिक्रिया के वर्णन के लिए उपमा का इस्तेमाल करें।

- "मेरे लिए यह महत्त्वपूर्ण होगा..."

- "अगर हम कोई ऐसा तरीक़ा खोज सकें जिससे हमें वह मिल जाए, जिसकी ज़रूरत हम दोनों को है, तो हम इस संघर्ष के आगे बढ़ सकते हैं।"

समाधानों पर विचारमंथन करना

- "आइए कुछ संभावित समाधानों पर बात कर लेते हैं। आपके मन में कौन से विचार चल रहे हैं?"

- "यहाँ मेरे कुछ समाधान हैं..."

समाधान खोजना

- "ऐसा लगता है कि हम दोनों ही... पर सहमत हैं।"

- "क्या कोई अन्य समस्याएँ हैं?"

- "आपके हिसाब से हम इसे कैसे सुलझा सकते हैं?"

योजना बनाना

- "आगे हमारी योजना क्या होनी चाहिए?"

- "हम दूसरों के साथ आगामी संपर्क कैसे करेंगे?"

- "क्या कोई और है, जिसे हमारी योजना के बारे में पता होना चाहिए?"

प्रशंसा

- मुलाक़ात के लिए सामने वाले को धन्यवाद दें।

- उसे बताएँ कि आप सचमुच किस चीज़ के लिए उसकी प्रशंसा करते हैं।

- इस मुलाक़ात से लिए गए विशिष्ट प्रमाण के साथ अपने विचार का समर्थन करें।

- योजना के अनुरूप आगे बढ़ने का वादा करें और हाथ मिलाएँ।

18

नियंत्रित भावनाएँ हमारी बहुत मदद करती हैं

हममें से कुछ लोग दूसरों से काम कराने में कहीं बेहतर होते हैं और कुछ लोगों के साथ काम करना दूसरों के मुक़ाबले ज़्यादा आसान होता है। यहाँ महत्त्वपूर्ण घटक है भावनात्मक बुद्धि (इमोशनल इन्टेलिजेंस–ईआई)। भावनात्मक बुद्धि का मतलब है अपनी ख़ुद की भावनाओं के बारे में जागरूक होना, उन्हें समझना और सकारात्मक परिणाम पाने के लिए (ख़ुद में और दूसरों में) उनका प्रबंधन करना। इमोशनल कोशिएंट (ईक्यू) भावनात्मक बुद्धि का पैमाना है।

शोध दर्शाता है कि कारोबार में सकारात्मक ऊर्जा और भावनात्मक नियंत्रण के फलस्वरूप ये चीज़ें हासिल होती हैं : उच्च उत्पादकता, चतुराई भरे निर्णय, कर्मचारियों के रुकने की ज़्यादा दर, अच्छा मनोबल और प्रबल टीमवर्क। ऑफ़िस की तरह ही घर पर भी यही परिणाम मिलते हैं। अध्ययनों ने दर्शाया है कि किसी समूह के ईक्यू को बढ़ाने से मुनाफ़े पर सकारात्मक प्रभाव पड़ता है। अच्छी बात यह है कि हमारा आईक्यू तो वयस्कता की शुरुआत में ही तय हो जाता है, लेकिन ईक्यू को जीवन भर बढ़ाया जा सकता है।

हम जैसा सोचते हैं, हम जैसा महसूस करते हैं और हम जैसा व्यवहार करते हैं, इसके बीच के संबंध को समझना कई बार इतना आसान नहीं होता है। इसीलिए हमारे वर्तमान भावनात्मक फ़िटनेस स्तर को पहचानने से बहुत

153

मदद मिलती है। हमारी भावनाएँ और "हॉट बटन" हमारे प्रदर्शन को कैसे प्रभावित करते हैं, यह जानना बहुत सहायक होता है। मुश्किल स्थितियों में सकारात्मक ऊर्जा और भावनाओं के नियंत्रण को बरकरार रखने की सलाहों पर अमल करने से मदद मिलती है।

भावनात्मक बुद्धि सक्षमता

इमोशनल इन्टेलिजेन्स और *वर्किंग विद इमोशनल इन्टेलिजेन्स* के लेखक डेनियल गोलमैन ईआई की परिभाषा इस तरह देते हैं : "अपनी खुद की और दूसरों की भावनाओं को पहचानने की क्षमता, खुद को प्रेरित करने की क्षमता और खुद में तथा अपने संबंधों में भावनाओं का प्रबंधन करने की क्षमता।"

डलास स्थित मानव संसाधन जोखिम प्रबंधन कंपनी ज़ीरोरिस्क एचआर, इन्कॉर्पोरेटेड के वाइस प्रेसिडेंट माइक पोस्की ने पाँच सक्षमताएँ बताई हैं, जो ऑफ़िस में सफल बनाती हैं। पहली दो का संबंध इस बात से है कि हम संबंधों का प्रबंधन किस तरह करते हैं। आख़िरी तीन का संबंध इस बात से है कि हम अपना प्रबंधन किस तरह करते हैं।

1. *सहज ज्ञान और परानुभूति* : दूसरों की भावनाओं, आवश्यकताओं और चुनौतियों के बारे में हमारी जागरूकता। यह सक्षमता कार्यस्थल में महत्त्वपूर्ण है, क्योंकि :

   - यह दूसरों की भावनाएँ और दृष्टिकोण समझने में हमारी मदद करती है। इसकी बदौलत हम यह भाँप लेते हैं कि विकास करने और उनकी शक्ति के क्षेत्र में माहिर होने के लिए दूसरों को क्या ज़रूरत है।

   - यह ग्राहकों की आवश्यकताओं को भाँपने, पहचानने और पूरा करने की अनुमति देकर हमारी ग्राहक सेवा को बेहतर बनाती है।

   - यह एक विविधतापूर्ण कार्यस्थल में संवेदनशील बनने और उसका लाभ लेने की योग्यता को बेहतर बनाती है।

2. *सामाजिक योग्यताएँ और सही कथन* : दूसरों से मनचाही प्रतिक्रियाएँ हासिल करने की हमारी योग्यता। यह सक्षमता कार्यस्थल में महत्त्वपूर्ण है, क्योंकि :

- यह स्पष्ट और विश्वसनीय संदेश भेजकर दूसरों के साथ प्रभावी संवाद करने, उन्हें प्रभावित करने और किसी काम के लिए राज़ी करने में हमारी मदद करती है।
- यह हमारी नेतृत्व योग्यताओं व टीमवर्क को बेहतर बनाती है। यह परिवर्तन का प्रबंधन करने, सौदेबाज़ी करने, संघर्ष को सुलझाने, सर्वसम्मति हासिल करने और सहयोग की हमारी योग्यता को बेहतर बनाती है।

3. *आत्म-जागरूकता* : किसी की वरीयताओं, संसाधनों और सहज बोध को समझना। यह सक्षमता कार्यस्थल में इसलिए महत्त्वपूर्ण है, क्योंकि :

- यह अपनी भावनाओं और आस-पास के लोगों पर उनके प्रभाव को पहचानने की हमारी योग्यता को बेहतर बनाती है।
- यह अपनी शक्तियों और सीमाओं का आकलन करने, समझने और स्वीकार करने में हमारी मदद करती है।
- यह हमारे आत्मविश्वास और आत्म-गौरव को बढ़ाती है।

4. *आत्म-प्रबंधन* : अपनी आंतरिक अवस्थाओं, भावनाओं और संसाधनों का प्रबंधन करना। यह सक्षमता कार्यस्थल में इसलिए महत्त्वपूर्ण है, क्योंकि :

- यह नकारात्मक भावनाओं का प्रबंधन करके हमारे आत्म-नियंत्रण को बेहतर बनाती है।
- यह विश्वास हासिल करने और जवाबदेह ठहराए जाने की हमारी योग्यता को बढ़ा देती है।
- यह हमारे लचीलेपन और परिवर्तन, नए विचारों तथा नई जानकारी के साथ आरामदेह बने रहने को बेहतर बनाती है।

5. *स्व-अपेक्षाएँ और प्रोत्साहन* : ये भावनात्मक प्रवृत्तियाँ मार्गदर्शन करती हैं या लक्ष्यों तक पहुँचने को सुगम बनाती हैं। यह सक्षमता कार्यस्थल में इसलिए महत्त्वपूर्ण है, क्योंकि :

- यह हमारे खुद के बनाए उत्कृष्टता के पैमाने को हासिल करने के लिए सतत प्रयास करने और समर्पित होने में हमारी मदद करती है।

- यह खुद को तथा दूसरों को प्रेरित करने की हमारी योग्यता को बढ़ा देती है। बाधाएँ सामने आने पर यह आशावादी बने रहने में हमारी मदद करती है।

- यह खुद शुरू करने वाला और आत्म-प्रेरित बनकर पहल करने की हमारी योग्यता को बेहतर बनाती है।

*ज़ीरोरिस्क एचआर की अनुमति से

भावनात्मक बुद्धि कोशिएंट के बारे में ज़्यादा जानकारी

ईक्यू के चार स्तंभ ये हैं :

- आत्म-जागरूकता

- आत्म-प्रबंधन

- सामाजिक जागरूकता

- संबंध प्रबंधन

ईक्यू के बारे में रोचक शोध और तथ्य :

- हम भावनात्मक दृष्टि से ज़्यादा जागरूक बनना सीख सकते हैं और भावनाओं के प्रबंधन में परिपक्व हो सकते हैं।

- आत्म-जागरूकता के मामले में महिलाओं और पुरुषों के स्कोर समान रहते हैं, लेकिन संबंध प्रबंधन में महिलाओं का स्कोर ज़्यादा होता है।

- हर पेशे में सर्वश्रेष्ठ प्रदर्शन करने वालों का ईक्यू सर्वोच्च होता है।

- उच्च ईआई और ईक्यू उच्च उत्पादकता से सीधे जुड़े होते हैं।

- शोध उच्च ईआई और स्वास्थ्य के बीच संबंध दर्शाता है। यदि आप अपनी भावनाओं के संपर्क में हैं और जानते हैं कि उनसे उचित रूप से कैसे निबटा जाता है, तो आप कम तनाव में रहते हैं। जो लोग अपनी भावनाओं के स्वामी हैं, वे किसी विपरीत परिस्थिति के होने पर भी बेहतर स्थिति में रहते हैं।

मैं बाहरी प्रभावों पर कभी पगलाने की कोशिश नहीं करता हूँ – दर्शक, बुरा उछाल और मौसम। मैं तो ख़ुद की तरफ़ अँगुली दिखाता हूँ। यदि कोई समस्या या चिंता मुझे सता रही है, तो मैं इसे सामने लाने की कोशिश करता हूँ, तार्किक रूप से इसकी चीर-फाड़ करता हूँ और इससे निबटता हूँ। इसीलिए मैं बेहतर खेल रहा हूँ। मैं अपने साथ ज़्यादा आरामदेह हूँ। मैं अब अपने जैसा अधिक हूँ।

—हेल इर्विन, पेशेवर गोल्फ़ खिलाड़ी

भावनात्मक बुद्धि बढ़ाने से कारोबार में फ़ायदा क्यों होता है

- हे ग्रुप ने 44 फ़ॉर्च्यून 500 कंपनियों के एक अध्ययन में बताया है कि ऊँचे ईक्यू वाले सेल्सपीपल ने औसत या औसत से कम स्कोर वाले सेल्सपीपल की तुलना में *दोगुनी आमदनी* हासिल की।

- एक अन्य अध्ययन में यह पाया गया कि जो तकनीकी प्रोग्रामर भावनात्मक बुद्धि सक्षमता के शीर्ष दस प्रतिशत में थे, वे कम सक्षमता वाले प्रोग्रामरों की तुलना में *तीन गुना ज़्यादा तेज़ी* से सॉफ़्टवेयर विकसित कर रहे थे।

- डलास कॉर्पोरेशन द्वारा आयोजित एक हालिया अध्ययन में यह पाया गया कि भावनात्मक बुद्धि के कम स्कोर वाले और ज़्यादा स्कोर वाले कर्मचारियों के बीच उत्पादकता का अंतर *बीस गुना* था।

- निर्माण उद्योग के एक अन्य अध्ययन ने यह परिणाम बताया कि कम भावनात्मक बुद्धि वाले कर्मचारियों के काम करते समय *चोट पहुँचने* की ज़्यादा आशंका रहती है।

मूर्ख अपने क्रोध को पूरी तरह से बाहर निकाल देता है, लेकिन समझदार इंसान ख़ुद को नियंत्रण में रखता है।

—प्रोवर्ब्स 29:11

भावनाओं को नियंत्रित करने के लिए डेल कारनेगी की सलाहें :

- भावना को पहचानें और यह पता लगाएँ कि इसे महसूस करने का क्या कारण था।

- हम जो महसूस कर रहे हैं, उसे शांत अंदाज़ में व्यक्त करें।

- अपनी भावनाओं से आहत नहीं होने दें।

- एक जर्नल रखें।

- मुश्किल सामने आने पर पूछें, "सबसे बुरा क्या हो सकता है?" सबसे बुरे को स्वीकार करें और स्थिति को बेहतर बनाने की कोशिश करें।

- जब कोई भावनात्मक स्थिति उत्पन्न हो, तो खुद से पूछें :

  - भावना क्या है?

  - भावना के कारण क्या हैं?

  - संभावित प्रतिक्रियाएँ क्या हैं?

  - सबसे समझदारी भरी प्रतिक्रिया क्या है?

- द्वेष नहीं पालें या हिसाब बराबर करने की कोशिश में समय बरबाद नहीं करें।

- मनोदशा के झूलों में नहीं झूलें। विश्वास बनाने के लिए विविध परिस्थितियों में एकरूपता से काम करें।

- अपने कार्यस्थल को व्यवस्थित करके तनाव को ख़त्म करें - चीज़ों का ढेर नहीं लगने दें।

- व्यस्त रहें।

- अपने युद्ध चुनें - चीज़ों को सही परिप्रेक्ष्य में रखें और छोटी-छोटी बातों का बतंगड़ नहीं बनाएँ।

- अवश्यंभावी के साथ सहयोग करें - अतीत के बारे में चिंता नहीं करें; इसके बजाय भविष्य पर ध्यान केंद्रित करें।

- अपनी नियामतें गिनें।

- सही खाकर, व्यायाम करके और पर्याप्त नींद लेकर स्वस्थ रहें।

- हास्य की सहायता से राहत के पल खोजें और अक्सर हँसें।
- दूसरों को दें।
- सकारात्मक लोगों से मेलजोल करें।
- खुद को संतुष्ट करें – लेकिन अति नहीं करें।

अपना आपा क़ायम रखने के छह क़दम

- *दिमाग़ वाले बनें।* अपने विचारों और भावनाओं पर पकड़ हासिल करें। हमारे दिमाग़ में जो भी चल रहा है, उसे बताने के लिए एक नोट या ईमेल लिखें। इसे नहीं भेजें।
- *राय माँगें।* किसी निष्पक्ष व्यक्ति को स्थिति बताएँ और ईमानदार दृष्टिकोण माँगें।
- *शारीरिक राहत खोजें।* कमरे से बाहर निकलें। पैदल टहलें या किसी शारीरिक गतिविधि में हिस्सा लें।
- *मनन करें।* सामने वाले के दृष्टिकोण से स्थिति को देखें और सोचें कि इसमें हमारा योगदान कितना हो सकता है।
- *इस पर सोएँ।* अपने नोट्स या ईमेल की समीक्षा अगली सुबह करें और फिर यह निर्णय लें कि क्या स्थिति सचमुच ऐसी है कि इस पर ऊर्जा ख़र्च की जाए या फिर इसे छोड़ देना बेहतर है।
- *अपने युद्ध चुनें।* या तो इसे जाने दें या फिर स्थिति का सामना करें।

लोगों के साथ व्यवहार करते समय यह याद रखें कि आप तर्क वाले प्राणियों से पेश नहीं आ रहे हैं, बल्कि भावना वाले प्राणियों से पेश आ रहे हैं।

—*डेल कारनेगी*

19

मल्टी-टास्किंग बेहतरीन हो सकती है - बशर्ते यह कारगर हो

प्रौद्योगिकी बिजली की तेज़ी से बदल रही है, हर दिन कामकाज का बोझ बढ़ता रहा है और बहुत सारे स्रोतों से माँगें आ रही हैं, ऐसे में उत्पादकता बढ़ाना ही आज के युग की माँग है। फलस्वरूप मल्टी-टास्किंग कारोबार में सफल होने की ज़रूरत बन चुकी है। वास्तव में हममें से ज़्यादातर लोगों को मल्टी-टास्किंग की आदत सी पड़ गई है। लेकिन क्या हम इसे सही तरीक़े से कर रहे हैं?

शाम को मैं अपना पीसी चालू रखती हूँ और खाना बनाते वक़्त मेरे मेल बॉक्स में संदेश आते रहते हैं। यह मेरे लिए दीगर काम करते वक़्त सवालों का जवाब देने और आग्रह पूरे करने का आसान तरीक़ा है।

—ऐन ऑल्टमैन,
प्रबंध संचालक, आईबीएम

मल्टी-टास्किंग के चार मिथक

हम एक समय में एक से ज़्यादा चीज़ें सचमुच कर सकते हैं।

न्यूरोलॉजिस्टों के शोध के अनुसार, जब हम एक साथ दो चीज़ें कर रहे होते हैं, तो मस्तिष्क चीज़ों को सीधे क्रम में ही प्रोसेस करता है। यूसीएसडी में मनोविज्ञान के प्रोफ़ेसर हैल पैशलर ने एक प्रयोग किया, जिसमें उन्होंने लगातार हुई दो अलग-अलग ध्वनियों पर प्रतिक्रिया करने की मानसिक योग्यता की जाँच की। उन्होंने पाया कि दूसरे उद्दीपन पर प्रतिक्रिया करने से पहले मस्तिष्क हल्के से ठहरता है। दूसरी ध्वनि को सुन लिया जाता है, लेकिन प्रतिक्रिया करने में समय लगता है, भले ही यह सिर्फ़ मिलीसेकेंड हो। इसके अलावा, शोध ने दर्शाया है कि जो विद्यार्थी संगीत सुनते समय पढ़ने या याद करने की कोशिश करते हैं, उनकी इस आदत का सीखने पर विपरीत प्रभाव पड़ता है।

महिलाएँ मल्टी-टास्किंग में पुरुषों से बेहतर होती हैं।

गृहिणियों और लिंग के बारे में सोच-विचार से यह मिथक शुरू हुआ। चूँकि महिलाएँ ही गृहिणियाँ होती हैं, इसलिए उन्हें मल्टी-टास्किंग या काम की अदला-बदली में बेहतर माना जाने लगा। यह मान्यता कामकाजी परिवेश तक भी आ गई है। सच तो यह है कि एक काम से दूसरे में अदला-बदली करने की योग्यता महिलाओं के लिए ज़्यादा आसान हो, यह ज़रूरी नहीं है। इस योग्यता का किसी विशेष लिंग से कोई संबंध नहीं है। कुछ इसे अक्सर और स्वाभाविक रूप से करते हैं। बाक़ी इसे ज़रूरत पड़ने पर ही करते हैं।

मल्टी-टास्किंग थकान की ओर ले जाती है।

हम काम में कितने घंटे लगाते हैं, हम किस गति से काम करते हैं और आराम-काम का संतुलन कैसा है, यह संभवतः थकान में ज़्यादा बड़ी भूमिका निभाता है। मल्टी-टास्किंग या विभिन्न कामों के बीच अदला-बदली इसमें ज़्यादा भूमिका नहीं निभाती है।

लोग पैदाइशी मल्टी-टास्कर होते हैं।

मल्टी-टास्किंग या विभिन्न कामों व गतिविधियों में अदला-बदली करने की योग्यता कुछ लोगों के लिए दूसरों से ज़्यादा स्वाभाविक हो सकती है। बहरहाल, इसका ज़्यादातर संबंध इस बात से होता है कि हम किस पद

पर हैं, हमें कितनी और कितनी तरह की ज़िम्मेदारियाँ सौंपी गई हैं, काम करने के लिए कितने घंटे उपलब्ध हैं और हमसे कितनी गुणवत्ता के काम की उम्मीद की जाती है।

जब आप सटीकता से सचमुच यह अध्ययन करते हैं कि लोगों के मस्तिष्क किस पल क्या कर रहे हैं, तो आपकी उम्मीद से कम संयुक्त प्रोसेसिंग होती है। मस्तिष्क तो समय की हिस्सेदारी के संचालन जैसा है। जब एक सेकेंड के छोटे हिस्से भी मायने रखते हों, तो बेहतर है कि दूसरा काम नहीं किया जाए।

—हैल पैशलर,
सैन डिएगो में युनिवर्सिटी ऑफ़
कैलिफ़ोर्निया में मनोविज्ञान के प्रोफ़ेसर

अत्यधिक मल्टी-टास्किंग	प्रभावी मल्टी-टास्किंग	अत्यधिक वर्गीकरण
योजना, लक्ष्यों, समयसारणी या प्राथमिकताओं के बिना इसे "तत्क्षण" करने की प्रवृत्ति रखता है	आगे की योजना बनाने की प्रवृत्ति रखता है, प्राथमिकताओं के प्रति अनुशासित रहता है, काम पर बना रहता है और लक्ष्य हासिल करता है	अति योजना और अति तंत्रात्मक रहने की प्रवृत्ति होती है
वह जितना कर सकता है, उससे ज़्यादा हाथ में लेने की प्रवृत्ति रखता है और हर चीज़ में उसका हाथ होता है	केवल वही हाथ में लेता है, जिसके बारे में वह जानता है कि वह उसे हासिल कर सकता है	वह कितना काम कर सकता है, इस बारे में कम आकलन की प्रवृत्ति रखता है

चीज़ें ग़लतियों के कारण बिगड़ सकती हैं और काम की गुणवत्ता कमतर हो सकती है	अधूरे काम की निगरानी के लिए एक तंत्र रखता है और उच्च गुणवत्ता वाला काम समय पर कर देता है	अति विवरण-केंद्रित, छिद्रान्वेषी और पूर्णतावादी होने की प्रवृत्ति रखता है
नियंत्रण में रहने का आनंद लेता है और उसे मदद माँगने, काम सौंपने, सशक्तिकरण करने तथा काम छोड़ने का आग्रह करने में मुश्किल आती है	मदद माँगने, काम सौंपने, सशक्तिकरण करने और जब आवश्यक हो तो छोड़ने का आग्रह करने की प्रवृत्ति रखता है	यह सोचने की प्रवृत्ति रखता है कि हाथ के काम को सिर्फ़ वही कर सकता है
अति लचीला बनने की प्रवृत्ति रखता है और हर चीज़ पर "हाँ" कह देता है	अच्छे विवेक का इस्तेमाल करने की प्रवृत्ति रखता है, अच्छे निर्णय लेता है और ज़रूरत पड़ने पर लचीला रहता है	अटल बनने की प्रवृत्ति रखता है और समय पर काम पूरा करने के लिए अतिरिक्त काम लेने से बचता है
अक्सर अव्यवस्थित और अराजकतावादी नज़र आता है	व्यवस्थित होने की प्रवृत्ति होती है और समय का अच्छा उपयोग करता है	उच्च व्यवस्थित नज़र आता है और अनियत विघ्नों को नापसंद करता है
ध्यान की अवधि कम होती है, किसी दूसरी चीज़ के बारे में चिंतित होता है और ध्यान केंद्रित करने में अक्षम होता है	हाथ के काम पर ध्यान केंद्रित करने की प्रवृत्ति रखता है शांत रहता है और बड़ी तसवीर को हमेशा सामने रखता है	लय में आने और ध्यान केंद्रित करने की प्रवृत्ति रखता है, दूसरों को नज़रअंदाज़ कर देता है

बड़ी तसवीर से निगाह हटा सकता है	शांत रहता है और बड़ी तसवीर को हमेशा सामने रखता है	बड़ी तसवीर को छोड़कर हर दूसरी चीज़ की उपेक्षा करने की प्रवृत्ति रखता है
काम की गुणवत्ता के बजाय संख्या पर ध्यान केंद्रित करने की प्रवृत्ति रखता है	काम की गुणवत्ता और संख्या को समान महत्त्व देने की प्रवृत्ति रखता है	संख्या के बजाय काम की गुणवत्ता पर ज़्यादा ज़ोर देने की प्रवृत्ति रखता है

सफल मल्टी-टास्किंग के पंद्रह सिद्धांत

1	**अलग-अलग लोगों के लिए अलग-अलग नीति।** मल्टी-टास्किंग का कोई सही तरीक़ा नहीं है। अपनी शक्तियों का लाभ लें और वह नीति चुनें, जो आपके लिए सर्वश्रेष्ठ हो। कुछ लोगों को लंबे कालखंडों की ज़रूरत होती है, जिनमें वे बिना विघ्नों के काम कर सकें। बाक़ी को विघ्नों से लाभ होता है और उनसे अचानक निबटते समय वे ज़्यादा कार्यकुशल होते हैं।
2	**व्यवस्थित बनें और व्यवस्थित बने रहें, शारीरिक रूप से भी और मानसिक रूप से भी।** हम जितने ज़्यादा व्यवस्थित महसूस करते हैं, सामने के काम पर ध्यान केंद्रित करने में उतने ही ज़्यादा सक्षम होंगे। अटाला हटा लें और अपनी डेस्क से हर वह चीज़ हटा दें, जो उस दिन के आपके लक्ष्यों के लिए प्रासंगिक नहीं हो।
3	**आगे की सोचें।** हर दिन की योजना बनाएँ, समयसारणी बनाने के लिए कैलेंडर या प्लानर का इस्तेमाल करें और अपनी उपलब्धता का प्रचार करें। समयसारणी का यथासंभव पालन करने के लिए टाइमर या अलार्म का इस्तेमाल करें। गतिविधियों की दैनिक विविधता को शामिल करें; बोरियत रोकें और विघ्नों व व्यवधानों से ज़्यादा परेशान नहीं हों।

4	**पहले लक्ष्यों का प्राथमिकीकरण करें, फिर वर्गीकरण करें।** प्राइम टाइम का इस्तेमाल अति महत्त्वपूर्ण गतिविधियों के लिए करके विवेक का परिचय दें। अत्यावश्यक कामों के लिए समय तय कर लें और उसके बाद के घंटे ग़ैर-अत्यावश्यक गतिविधियों में लगाएँ। समय खाने वाले और छोटे प्रोजेक्टों के बीच अदला-बदली करके उपलब्धि का अहसास हासिल करें। काम बदलने के अच्छे रुकने वाले बिंदुओं को पहचानकर बड़े प्रोजेक्टों को खंडों में तोड़ें। सतर्क बने रहें और अपने लक्ष्यों व प्राथमिकताओं के प्रति अनुशासित रहें।
5	**अपने प्रति ईमानदार रहें।** अपनी सीमाएँ जानें - आप कामों की अदला-बदली कब कर सकते हैं और कब नहीं कर सकते। अति महत्त्वपूर्ण कामों पर अपना अविभाजित ध्यान दें, जिनमें पूरी एकाग्रता की आवश्यकता होती है। उच्च प्राथमिकता वाले प्रोजेक्टों पर काम करने के लिए एक अलग स्थान तय कर लें और फ़ोन व कंप्यूटर से दूर चले जाएँ।
6	**ज़्यादा वादे नहीं करें।** अपने समय से नियंत्रित रहें और कूटनीति व व्यवहारकुशलता के साथ नहीं कहना सीखें। जब आप अति महत्त्वपूर्ण प्रोजेक्टों पर काम कर रहे हों, जिनमें पूरी एकाग्रता की ज़रूरत हो, तो कॉल फ़ॉरवर्डिंग का इस्तेमाल करें और अपने कंप्यूटर पर नए मेल के अलर्ट बंद कर दें।
7	**सकारात्मक नज़रिया रखें और लचीले बनें।** अप्रत्याशित की अपेक्षा करें, शांत रहें और चीज़ें टपकने पर धैर्य का इस्तेमाल करें। अप्रत्याशित से मुक़ाबला करने के लिए अपने पुराने अनुभवों पर भरोसा करें। यदि आप इसे समयसारणी में बाद में करने के लिए तय नहीं कर सकते, तो ग़ौर करें कि आपने इसे कहाँ छोड़ा था, स्थिति को सुलझा लें और फिर जो कर रहे थे, उसकी ओर लौट जाएँ।

8	**अंतरालों और विघ्नों से लाभ लें।** पीछे क़दम रखें, दृष्टिकोण हासिल करें, सृजनात्मक रूप से सोचें और समीक्षा करें और अपनी प्रगति के लिए खुद को पुरस्कार दें।
9	**कार्यकुशलता को अधिकतम करने के लिए सृजनात्मक बनें।** यह जानें कि गतिविधियों का समूहीकरण करके आप कब समय बचा सकते हैं। इंतज़ार और विलंब के समय का लाभ उठाकर तथा स्वचालित या रोज़मर्रा के कामों के जोड़े बनाकर अपने समय का अधिकतम उपयोग करें और अपनी उत्पादकता को अधिकतम करें।
10	**अपने मस्तिष्क की शक्ति को बरबाद नहीं करें।** आप जिस प्रौद्योगिकी का इस्तेमाल करते हैं, उसकी पूरी क्षमताओं को पहचानें। जहाँ तक संभव हो, अपने जीवन को सरल बनाएँ और कामों को स्वचालित कर दें (जैसे फ़ोन स्पीड डायल, कीबोर्ड शॉर्टकट आदि) जिन संसाधनों का अक्सर इस्तेमाल किया जाता है, उन्हें अपनी अँगुलियों पर रखें। ऑफ़िस में और घर पर समय बचाने वाले यंत्रों में निवेश करें।
11	**मानव संबंधों की अपनी योग्यताओं को याद रखें और लोगों को पहली प्राथमिकता मानें।** शिष्ट बनें और लोगों पर पूरा ध्यान देकर सम्मान दिखाएँ। प्रौद्योगिकी के बारे में सबसे महत्त्वपूर्ण बात यह जानना है कि इसे कब बंद करना है।
12	**अभ्यास करें।** कामों की अदला-बदली करते समय हमें हर बार अपने मस्तिष्क को दोबारा तैयार करना पड़ता है। अभ्यास करने पर यह ज़्यादा स्वचालित और कम तनावपूर्ण बन सकता है।
13	**खुद से आगे जाएँ।** जो काम खुद करने ज़रूरी नहीं हैं, उनमें मदद माँगना, काम सौंपना, सशक्तिकरण करना और छोड़ना सीखें। संवाद के तार खुले रखें और यह पक्का करें कि सहकर्मी और टीम के सदस्यों को जानकारी रहे, ताकि वे आपका बोझ हल्का करने के लिए ज़्यादा अच्छी तरह तैयार हों।

14	**स्वस्थ बनें।** अपने मस्तिष्क को रिबूट होने दें, धीमा होने दें और आराम करने दें, ताकि यह ज़्यादा कार्यकुशल बन सके और कम समय में ज़्यादा काम कर सके। हम अपनी ऊर्जा ज़्यादा प्रभावी ढंग से तब लगा सकते हैं, जब हम अच्छी तरह खाएँ, पानी पिएँ और आराम करने व व्यायाम करने के लिए विराम लें।
15	**हर दिन की समीक्षा करें और यह विश्लेषण करें कि आपका समय कहाँ गुज़रा।** उत्पादकता बेहतर करने के अवसरों पर ग़ौर करें। दिन के अंत में 15 मिनट का समय निकालकर अगले दिन के बारे में सोचें और अपनी रणनीति तैयार करें।

कार्यकुशलता को बढ़ाने के लिए कामों के जोड़े बनाना

- लंच या अपॉइंटमेंट के लिए ऑफ़िस या घर से निकलते समय कंप्यूटर का बैकअप लें।

- जब शाम को ऑफ़िस से लौटें, तो वाइरस स्कैन प्रोग्राम चला दें।

- यात्रा के दौरान ऑडियो बुक सुनें।

- कार चलाते समय पत्र लिखाने या विचारों को दर्ज करने के लिए हैंड्स-फ्री डिक्टाफ़ोन का इस्तेमाल करें।

- ट्रेडमिल पर चलते समय या जिम में साइकिल चलाते समय हाथों का इस्तेमाल नहीं करते हुए पढ़ें।

- व्यायाम करते वक़्त ख़बर देखें या संगीत सुनें या रिकॉर्ड की हुई पुस्तक सुनें।

- किसी मित्र या परिवार के सदस्य के साथ टहलकर या दौड़कर संबंधों को मज़बूत बनाएँ।

- टेलीविज़न देखते वक़्त हल्के काम (जैसे धूल झाड़ना, पौधों में पानी डालना आदि) निबटाएँ।

- ऑफ़िस में रहते समय धीमे कुकर (क्रॉक पॉट) में डिनर पकाएँ।

- कुकिंग करते वक़्त टेलीविज़न देखें, संगीत सुनें या ऑडियो बुक सुनें।
- टेलीविज़न देखते समय उपहारों को लपेटें या कूपन काटें।

घंटों का सारा लाभ तुरंत ले लें।
—विलियम शेक्सपियर

- कुकिंग करते वक़्त टेलीविज़न देखें, संगीत सुनें या ऑडियो बुक सुनें।
- टेलीविज़न देखते समय उपहारों को लपेटें या कूपन काटें।

घंटों का सारा लाभ तुरंत ले लें।

20

आप जो महानता चाहते हैं, उस पर ध्यान केंद्रित करें

लय में पहुँचना : एकाग्रता और ध्यान केंद्रित करने के तरीक़े

मस्तिष्क को एक कंप्यूटर मानें। क्या यह सच नहीं है कि जब हम बहुत से प्रोग्रामों के भीतर काम करते हैं और हमारी स्क्रीन पर बहुत सारी विंडो खुली रहती हैं, तो हमारा कंप्यूटर धीमा हो जाता है या अटक जाता है? शोध के अनुसार हमारे मस्तिष्क में भी यही चीज़ होती है। जब हम बहुत से काम करते हैं, जिनमें हमारे पूरे ध्यान की ज़रूरत होती है, तो हमारा मस्तिष्क अति बोझ का शिकार हो जाता है। कामों की सफलतापूर्वक अदला-बदली करने के लिए मस्तिष्क को पिछले काम की माँगों को बंद करने या रोकने के साथ नए काम को करने के लिए आवश्यक संसाधन जुटाने होते हैं। लेकिन हम उस एक काम पर ध्यान केंद्रित कैसे कर सकते हैं, जब इतने सारे दूसरे काम किए जाने का इंतज़ार कर रहे हों? सामने वाले काम पर ध्यान केंद्रित करने के लिए इस नीति का इस्तेमाल करें :

फ़िल्टर। शोर और गंधों जैसे सभी बाहरी फ़िल्टरों को हटा दें, जिनसे ध्यान भंग होने का अंदेशा हो। विघ्नों और व्यवधानों से मुक्त होकर वर्तमान पल में रहें। यदि आवश्यक हो, तो आँख की पट्टी जैसे ब्लाइंडर और इयर प्लग का इस्तेमाल करें।

व्यवस्थापन। अपने कामकाज की जगह व्यवस्थित करें और वहाँ की व्यवस्था पर ध्यान दें – रोशनी, हवा का आवागमन, आरामदेह कुर्सी आदि। हम जितने ज़्यादा व्यवस्थित होते हैं, चीज़ों में कमियाँ रहने के बावजूद उनके बिगड़ने की उतनी ही कम चिंता होती है। हम जितने ज़्यादा आरामदेह होते हैं, उतना ही बेहतर ध्यान केंद्रित कर सकते हैं।

स्मृति। अच्छे रिकॉर्ड रखने के बारे में सतर्क रहें, समयसारणी बनाने के लिए प्लानर या कैलेंडर का इस्तेमाल करें और इन रिकॉर्डों का बैकअप रखें। एक बार जब आप किसी चीज़ को लिख लेते हैं या इलेक्ट्रॉनिक रूप से दर्ज कर लेते हैं, तो आप इसे कभी नहीं भूलेंगे। इससे हमें वर्गीकरण करने, चीज़ों को छोड़ने, खुद को डुबाने और हाथ के काम पर पूरी तरह एकाग्र होने की अनुमति मिल जाती है।

समझें। यह समझें कि क्या करने की ज़रूरत है, इसे छोटे आकार के आसानी से हो सकने वाले टुकड़ों में तोड़ लें और उन समयसीमाओं या बिंदुओं को तय कर लें, जहाँ काम को तोड़ना है। अपने अंतिम लक्ष्य के रिमाइंडर रखें और यह भी कि इसमें हमारे लिए क्या है। काम के उस हिस्से को पूरा करने के बाद खुद को पुरस्कार दें।

निगरानी। इस तरह काम करें, मानो आप प्रूफ़रीडर हों और उस प्रोजेक्ट या काम को पहली बार अथवा अंतिम बार देख रहे हों। खुद को कोई नई चीज़ सीखने की चुनौती दें।

व्यवस्थापन और प्राथमिकीकरण के लिए मॉडल

हमारा आम दिन एक ज़िम्मेदार वयस्क के रूप में ऑफ़िस में या इससे बाहर की उन गतिविधियों में बीतता है, जो *अतीत-केंद्रित, वर्तमान-केंद्रित* या *भविष्य-केंद्रित* होती हैं। ये तीनों ही उत्पादकता और सफलता सुनिश्चित करने के लिए मूलभूत होती हैं। वैसे इनमें से कोई भी सही या ग़लत नहीं है। अतीत-केंद्रित गतिविधि के बजाय भविष्य-केंद्रित गतिविधि में समय लगाना बदतर या बेहतर नहीं है। ये दोनों ही निहायत ज़रूरी हैं।

हमारा निर्णय इस बात पर आधारित होता है कि हमें किसी पल अपनी ऊर्जा कहाँ केंद्रित करनी है। मिसाल के तौर पर, पिछले महीने के घरेलू ख़र्चों या कारोबारी बिक्री के प्रदर्शन पर आँकड़े इकट्ठे करना अतीत-केंद्रित है, जबकि अगली तिमाही के लिए बजट बनाना भविष्य-केंद्रित है। दोनों का ही संबंध ही वित्त और अकाउंटिंग से है, लेकिन वे विपरीत दिशाओं में देख रहे हैं।

वर्तमान-केंद्रित गतिविधियाँ वे हैं, जो हमारे देखने और सुनने के तात्कालिक दायरे में होती हैं। टेलीफ़ोन कॉल और आमने-सामने के अपॉइंटमेंट इस श्रेणी में आते हैं। एक ही कारोबारी काम के मामले में अतीत-वर्तमान-भविष्य की गतिविधियाँ हो सकती हैं।

अतीत एकाग्रता	वर्तमान एकाग्रता	भविष्य एकाग्रता
बिक्री का विश्लेषण	प्रशिक्षण	उत्तराधिकारी का नियोजन
अपेक्षाओं का प्रबंधन करना	अपेक्षाओं को पूरा करना	अपेक्षाओं को तय करना

यह मॉडल काम क्यों करता है?

व्यवस्थापन मॉडल के रूप में अतीत-वर्तमान-भविष्य का इस्तेमाल करना यह तय करने का एक सरल साधन है कि आज तीनों श्रेणियों में क्या हासिल करने की ज़रूरत है। इन तीनों कालों में से प्रत्येक पर सावधानी से विचार करके हम यह सुनिश्चित कर सकते हैं कि हम व्यवस्थित और पूरी तरह से तैयार हैं।

एक बार जब हम अपनी सारी गतिविधियों और कामों को इन श्रेणियों में रख देते हैं, तो फिर उन्हें प्राथमिकता के आधार पर जमाना ही शेष रह जाता है : हर श्रेणी में सबसे पहले किसे हासिल करने की ज़रूरत है?

अतीत एकाग्रता :
मुझे किन चीज़ों को सुधारने की ज़रूरत है? मुझे किन संदेशों का जवाब देना है?

मुझे कौन सी रिपोर्ट बनाने या उसकी समीक्षा करने की ज़रूरत है? कौन मुझसे आगामी संपर्क का इंतज़ार कर रहा है?

वर्तमान एकाग्रता :

आज मेरे कैलेंडर में कौन सी बैठकें हैं? आज कौन से अत्यावश्यक मामले सामने आए हैं?

आज मेरी यात्रा की समयसारणी क्या है? आज मुझे कौन सी डेडलाइनें पूरी करनी हैं?

भविष्य एकाग्रता :

मुझे कौन सी व्यवस्थाएँ (यात्रा, आमंत्रण, छुट्टियाँ, सम्मेलन आदि) करने की ज़रूरत है? मुझे कौन से प्रोजेक्ट या प्रस्ताव तैयार करने हैं?

कौन सी डेडलाइनें आ रही हैं?

प्राथमिकीकरण :

प्रतिस्पर्धी प्राथमिकताओं को सँभालने की कुछ बाधाएँ :

* एकाग्रता और प्रेरणा का अभाव
* महत्त्वहीन चीज़ों में उलझना
* लगातार विघ्न और व्यवधान
* बहुत कम समय में बहुत ज़्यादा काम करने के लिए होना
* काम पूरा करने के लिए बहुत कम संसाधन
* ख़राब नियोजन और व्यवस्थापन योग्यताएँ
* टालमटोल की प्रवृत्ति
* प्राथमिकताएँ तय करने और समयसीमा पर बने रहने की अयोग्यता
* प्रभावी ढंग से काम सौंपने की अयोग्यता
* समय पर निर्णय लेने की अयोग्यता
* समयखाऊ और अप्रभावी बैठकें

प्राथमिकीकरण के अनिवार्य बिंदु

1. *सभी गतिविधियों को दर्ज करें :* दिन या सप्ताह की अपनी सारी माँगों, प्रतिस्पर्धी प्राथमिकताओं, कामों और गतिविधियों को लिख लें।

2. *प्राथमिक लक्ष्य तय कर लें :* दिन या सप्ताह के लिए अपने प्राथमिक लक्ष्यों की सूची बना लें।

3. *80/20 नियम पर विचार करें :* यह तय करें कि कौन सी 20 प्रतिशत गतिविधियाँ 80 प्रतिशत परिणाम देंगी और हमें अपने लक्ष्यों के ज़्यादा क़रीब ले जाएँगी।

4. *महत्त्वपूर्ण बनाम तात्कालिक का आकलन करें :* यह निर्णय लें कि इनमें से कौन सी गतिविधियाँ ज़्यादा महत्त्वपूर्ण या ज़्यादा तात्कालिक हैं। इस चरण में इस बात पर विचार करें कि किस तरह निश्चित बिंदु हमें प्रभावित करते हैं और निश्चित कामों को हासिल नहीं करने के परिणाम क्या होंगे (मिसाल के तौर पर, हो सकता है कि किसी को अपना काम करने के लिए हमसे कोई चीज़ चाहिए हो)।

5. *रैंक :* नियोजन शुरू करने के लिए रैंकिंग सिस्टम का इस्तेमाल करें। मिसाल के तौर पर :

   - "ए" काम उच्च प्राथमिकता के होते हैं और उन्हें तुरंत पूरा करना चाहिए।

   - "बी" काम महत्त्वपूर्ण तो हैं, लेकिन "ए" कामों के बाद किए जा सकते हैं।

   - "सी" काम कम महत्त्वपूर्ण होते हैं और उन्हें हम अपने ख़ाली समय में कर सकते हैं।

6. *समयसारणी बनाएँ :* हर काम के लिए एक डेडलाइन तय करें और यह आकलन करें कि काम पूरा करने में कितना समय लगेगा। उन कामों को ध्यान में रखते हुए समयसारणी बनाएँ, जो उत्पादकता बढ़ाने के लिए एक साथ जुड़े हो सकते हैं? मिसाल के तौर पर, क्या हम कम प्राथमिकता वाली किसी चीज़ को ज़्यादा महत्त्व वाली किसी चीज़ के साथ जोड़ सकते हैं?

7. *लक्ष्यों की समीक्षा करें और समायोजन करें :* अपने लक्ष्य (या लक्ष्यों) की समीक्षा करें, समय पर काम करने के पुरस्कारों की समीक्षा करें तथा आवश्यक समायोजन करें।

8. *हटाएँ :* अपनी सूची के उन कामों को हटा दें, जो निचले स्तर पर बने रहते हैं और दरअसल कभी नहीं हो पाएँगे।

21

बेहतरीन जीवन के लिए व्यवस्थित बनें

सूरज की किरणें केंद्रित करने की वजह से ही आवर्धक लेंस अख़बार को जला पाता है। अगर यह चारों तरफ़ हिले-डुले और हर जगह मिश्रित प्रतिक्रिया करे, तो ऐसा नहीं हो पाएगा। बिखरे हुए प्रयासों से बिखरे हुए परिणाम ही मिलते हैं। हमारे प्रयासों पर लगाम कसना ही किसी चीज़ में सफलता पाने का एकमात्र तरीक़ा है।

एकाग्रता से व्यवस्थापन आता है। या फिर मामला उलटा है? चाहे जो हो, जब हम अपनी समयसारणी, अपने दैनिक जीवन और अपने कामकाज को परिणामों को ध्यान में रखकर ख़ुद को व्यवस्थित करते हैं, तभी हम अपने सामने आने वाली चुनौतियों से जूझ सकते हैं, जबकि हमारे पास पहले से ही बेशुमार ज़िम्मेदारियाँ हैं, लगातार परिवर्तनशील कार्यस्थल है, दीगर परिस्थितियाँ हैं और नियंत्रणों का हमेशा बढ़ता दायरा है।

व्यवस्थापन एकाग्रता की अनुमति देता है

जब हम जीवन में प्रगति करते हैं और ज़्यादा सत्ता हासिल करते हैं, तो दैनिक, साप्ताहिक और मासिक ज़िम्मेदारियों को व्यवस्थित करना और उनका प्राथमिकीकरण करना लगातार ज़्यादा चुनौतीपूर्ण होता जाता है। हम सभी को घर और ऑफ़िस में ये चुनौतियाँ मिलती हैं कि हमें वादों या दायित्वों की निगरानी करनी है, प्रोजेक्टों की निगरानी करनी है, विवरणों पर निगाह

रखनी है, वर्तमान स्थिति तय करनी है और भावी नियोजन करना है।

व्यवस्थापन और प्राथमिकीकरण के क्षेत्र में अच्छी योग्यताएँ बहुत ही प्रशंसनीय गुण हैं, चाहे ये ऑफ़िस के अंदर हों या बाहर। इन योग्यताओं को ज़्यादा मज़बूत बनाकर हम समाज, परिवार और संगठन के भीतर अपनी छवि मज़बूत करते हैं।

हममें से कुछ लोग बहुत साफ़-सुथरे और व्यवस्थित रहने का प्रतिरोध करते हैं। हमें ऐसा महसूस होता है, मानो बहुत ज़्यादा व्यवस्थापन हमारी छवि के विपरीत है। भले ही हमारा ऑफ़िस अव्यवस्थित दिख रहा हो, लेकिन हम इसमें अपने काम की चीज़ें जब चाहे तब खोज सकते हैं। हम दिखने वाले अव्यवस्था के जोखिम और ऊर्जा पर दरअसल नाज़ करते हैं। अपने काम के बोझ की अत्यावश्यकता और महत्त्व की तुलना में व्यवस्थित कामकाज की आदतें सीखने में समय लगाना हमें तुच्छ लगता है। अव्यवस्था सम्मान का एक तरह का तमगा – हमारी अनिवार्यता का प्रमाण – बन गई है।

हममें से जो लोग यह जानने पर गर्व करते हैं कि "हर चीज़ की एक जगह होती है" और "हर चीज़ अपनी जगह पर होती है," वे यह नहीं समझ पाते कि दूसरी तरह के लोग कैसे कोई चीज़ हासिल कर पाते हैं। उनका अव्यवस्थित होना ना सिर्फ़ समझ से परे नज़र आता है, बल्कि ख़तरनाक भी लगता है। हम विचार करते हैं कि अगर इन लोगों ने अपनी डेस्क को साफ़-सुथरा रखा होता, तो वे कितनी सफलताएँ हासिल कर सकते थे। लेकिन जब भी हम उन लोगों से किसी चीज़ का पूछते हैं, तो हर बार वे अपनी डेस्क के ढेरों के बीच से उस चीज़ को जैसे जादू से खोद निकालते हैं।

ये शैली, व्यक्तित्व और स्व-दिशा की भिन्नताएँ हैं। ये अच्छे और बुरे लोगों के बीच का फ़र्क़ नहीं हैं। लेकिन हम अक्सर व्यक्तिगत व्यवस्थापन की किसी दूसरे व्यक्ति की शैली की आलोचना करने को तत्पर रहते हैं।

ज़्यादातर व्यवस्थित बनने के चार प्रबल कारण :

हम दूसरों पर बेहतर छाप छोड़ते हैं।

भले ही हम अपनी व्यवस्थापन शैली में अव्यवस्था की प्रवृत्ति रखते हों, लेकिन हम मन ही मन उन लोगों की प्रशंसा करते हैं, जो हमेशा सुव्यवस्थित

और कार्यकुशल होते हैं। व्यवस्थापन योग्यता एक बहुप्रशंसित गुण है और हममें से ज़्यादातर इसमें वर्तमान से बेहतर बनने की कोशिश करते हैं।

हम कम तनावग्रस्त महसूस करते हैं।

हालाँकि व्यवस्थापन की नई आदतों को डालना अपने आप में तनावपूर्ण हो सकता है, लेकिन अंत में इससे यह फ़ायदा होगा कि आपको कम चिंता होगी और ज़्यादा मानसिक शांति का अनुभव होगा। अव्यवस्था को व्यवस्थित प्राथमिकताओं में बदलने से हम पर शांतिदायक प्रभाव पड़ता है।

हम पेशेवराना और तरक़्क़ी योग्य बनने के अपने लक्ष्यों की दिशा में बढ़ते हैं।

हममें से ज़्यादातर लोग अपने कारोबारी परिवेश में पेशेवर और सम्मानित बनने के लिए प्रेरित होते हैं। बदले में, इससे आम तौर पर करियर में तरक़्क़ी के अवसर खुल जाते हैं। जब हम अतिरिक्त ज़िम्मेदारियाँ स्वीकार करते हैं, तो हर बार हमारी व्यवस्थापन योग्यताओं का मूल्य ज़्यादा होगा।

संगठन हमारी ओर से इसे अक्सर अन्य को काम करने के लिए आसान बनाता है।

एक व्यवस्थित व्यक्ति को दूसरों के साथ संयुक्त लक्ष्य हासिल करने के लिए परस्पर गठजोड़ करना आसान होता है। संगठित व्यक्ति विश्वास को प्रेरित करते हैं और साथ ही उपलब्धियाँ हासिल करने वालों के लिए आदर्श मॉडल निश्चित करते हैं।

व्यवस्थापन आकलन करें

मूल्यांकन करें कि आपके लिए इस पैमाने के आधार पर नीचे दिए गए कथन कितने सच हैं :

1.   "हमेशा" के लिए
2.   "कई बार" के लिए
3.   "लगभग कभी नहीं" के लिए

... मैं आवश्यक चीज़ें आसानी से और तुरंत खोज लेता हूँ।

... मैं दैनिक प्राथमिकता सूची बनाता हूँ।

… मैं अपनी निगरानी की योजनाओं में परिपूर्ण हूँ।

… मैं समय से कई दिन पहले अपनी गतिविधियों की समयसारणी तय कर लेता हूँ।

… मैं आज के संकटों को अपनी प्राथमिकताओं में पर्याप्त रूप से शामिल कर सकता हूँ।

… मैं अच्छी तैयारी के साथ बैठकों में आता हूँ।

… मैं एक रात पहले अगले दिन की प्राथमिकताओं की समीक्षा करता हूँ।

… मेरा कामकाजी क्षेत्र आम तौर पर व्यवस्थित रहता है।

… मैं हर चीज़ को आख़िरी मिनट पर करने की ज़रूरत के बिना डेडलाइनों को पूरा करता हूँ।

… मेरे सहकर्मी, मित्र और परिजन मुझे सुव्यवस्थित मानते हैं।

… मुझे प्राथमिकता-संचालित के रूप में देखा जाता है।

… मैं आम तौर पर मल्टी-टास्किंग से बचता हूँ।

… जब कामकाज, परिवार, मित्रों और सामाजिक जीवन की बात आती है, तो मेरे जीवन में संतुलन है।

… मैं एक-दो घंटे पहले बैठकों और अपॉइंटमेंट की पुष्टि करता हूँ।

… मैं बैठकों के लिए जल्दी पहुँचता हूँ।

हमारे पॉइंटों का योग जितना ज़्यादा होता है, व्यवस्थापन और प्राथमिकीकरण के प्रति खुद को समर्पित करने की हमें उतनी ही ज़्यादा ज़रूरत है।

हमारी दिनचर्या को व्यवस्थित करने के बारे में डेल कारनेगी के सुझाव

• हर दैनिक गतिविधि के लिए खुद को 25 प्रतिशत अतिरिक्त समय दें। मिसाल के तौर पर, अगर सुबह 10 बजे हमारी दो घंटे की

मीटिंग है, तो कैलेंडर पर 9.45 बजे से लेकर 12.15 तक का समय डाल लें। इस तरह विलंब और व्यवधानों की वजह से हमारी समयसारणी आसानी से नहीं गड़बड़ाएगी।

- हर रात अगले दिन की समयसारणी और प्राथमिकताओं पर नज़र डालें। इससे हमें हर सुबह समय-कुशल शुरुआत करने में मदद मिलती है और रात को चैन से सोने में मदद मिलती है। यह अतीत-वर्तमान-भविष्य गतिविधि व्यवस्थापन के इस्तेमाल का अच्छा समय है।

- नियत समय से एक-दो घंटे पहले बैठकों की पुष्टि करें। यदि मीटिंग के समय में कोई परिवर्तन हुआ है, तो हमारे पास समायोजन करने और दूसरी प्राथमिकताएँ पूरी करने के लिए पर्याप्त समय रहता है। यह मीटिंग में शामिल दूसरे लोगों के प्रति भी शिष्टता है और इससे व्यवस्थित रहने के हमारे संकल्प का पता चलता है।

- ब्लॉक टाइम का इस्तेमाल करके गतिविधियाँ तय करें। ब्लॉक टाइम या बड़े कालखंड हमें अपनी प्राथमिकताओं पर एकाग्र प्रयास करने के अबाधित कालखंड देते हैं। इसके लिए आत्म-अनुशासन और सहकर्मियों के सहयोग दोनों की ज़रूरत होती है। जब आप ब्लॉक टाइम में कोई काम कर रहे हों, तो सभी विघ्नों को हटा दें। यदि संभव हो, तो फ़ोन, ईमेल और इंटरनेट बंद कर दें।

हमारी गतिविधियों और काम के प्रोजेक्टों को व्यवस्थित करने के बारे में सुझाव

- *चीज़ों को वहाँ नहीं छोड़ें, जहाँ उनकी जगह नहीं है।* कई बार जल्दबाज़ी में हम कोई चीज़ कोने में, ग़लत ढेर में या ग़लत कमरे में भी छोड़ देते हैं। जब हम ज़रूरत पड़ने पर उस चीज़ की तलाश उसकी सही जगह पर करते हैं, लेकिन वह नहीं मिलती है, तो हमारा समय बरबाद होता है। बढ़ती हुई अव्यवस्था के बीच काम पूरे करने में ज़्यादा समय लगता है।

- *हर दिन कुछ मिनट अव्यवस्थित सामान को निश्चित जगह पर रखने में लगाएँ।* इससे हमें बड़ी सफ़ाई के लिए बड़े कालखंड तय करने की ज़रूरत नहीं पड़ेगी। अटाले की जगह या तो एक निश्चित क्षेत्र में या फिर कचरे की टोकरी में है।

- *सुबह सबसे पहले अपनी पहली प्राथमिकता पर काम करें।* जब तक पहली प्राथमिकता पूरी नहीं हो जाए, तब तक किसी दूसरी चीज़ पर ध्यान केंद्रित नहीं करें। इससे दिन भर अपूर्ण प्राथमिकताओं के लदे रहने का तनाव कम होता है। विघ्नों से बचने के लिए किसी पारिवारिक सदस्य या सहकर्मी का सहयोग लें।

- *यदि संभव हो, तो मल्टी-टास्किंग से बचें।* बहुत से अध्ययनों ने दर्शाया है कि मल्टी-टास्किंग से कार्यकुशलता कम होती है और काम ज़्यादा जटिल बन सकते हैं। इससे हमारा तनाव बढ़ सकता है और ग़लतियाँ करने की संभावना भी बढ़ सकती है।

- *अपनी वर्तमान प्राथमिकता के सिवाय अपनी डेस्क से हर चीज़ साफ़ कर दें।* कई बार अपने मस्तिष्क को स्पष्ट और एकाग्र करने के लिए हमें अपनी दृष्टि के क्षेत्र को साफ़ करने और ध्यान भटकाने वाली चीज़ों को हटाने की ज़रूरत होती है। भले ही इसका मतलब डेस्क की किसी चीज़ को हटाकर किसी फ़ाइल कैबिनेट या टेबल के ऊपर रखना हो, लेकिन इससे डेस्क साफ़ दिखेगी और एक साफ़-सुथरा दृष्टिक्षेत्र भी होगा।

हमारे जीवन को व्यवस्थित करने की सलाहें

- *"लिखित साधन" का इस्तेमाल करें।* नोटबुक या पीडीए जैसे साधन पर विचार, डाटा या रिमाइंडर तुरंत दर्ज करें। इससे हमें हर चीज़ पटरी पर बनाए रखने के लिए अपनी याददाश्त पर भरोसा करने की ज़रूरत नहीं रहती है। इसके अलावा, हमारे पास यह जानने की मानसिक शांति भी रहती है कि महत्त्वपूर्ण जानकारी सँभालकर रख ली गई है।

- *जीवन संतुलन का लक्ष्य बनाएँ।* हम कामकाज और घर को संतुलित करने के बारे में बहुत कुछ सुनते हैं। हम इसे और आगे तक ले जा सकते हैं तथा इसे सामुदायिक सेवा, शारीरिक व्यायाम, सामाजिक मेलजोल या शौक में लगने वाले समय तक फैला सकते हैं। जब हम अपने जीवन के दूसरे क्षेत्रों में समय लगाते हैं, तो इससे हमें अपने दिन प्रति दिन के दबावों के बीच साँस लेने की जगह मिल जाती है।

- *व्यक्तिगत और व्यावसायिक समयसारणियों को एक प्लानर में*

मिला दें। इस तरह हम अपने सभी काम एक ही निगाह में देख सकते हैं। अगर हमारे पास अपना व्यावसायिक या व्यक्तिगत कैलेंडर नहीं हो, तो हम एक ही समय को ग़लती से दो जगह तय कर सकते हैं, जिससे बाद में तनाव हो सकता है। अपने जीवन व्यवस्थापन की सकल तसवीर देखकर हम यह अवलोकन कर सकते हैं कि हम कितना संतुलन हासिल कर रहे हैं।

- *दिन के हर कार्यक्रम में जल्दी पहुँचें।* नियत कार्यक्रमों में जल्दी पहुँचने से कोई नुक़सान नहीं होता। हम हमेशा अतिरिक्त समय में फ़ोन कॉल लौटा सकते हैं, प्राथमिकता वाला कोई काम पूरा कर सकते हैं या चंद मिनट चैन की साँस ले सकते हैं। एक ऐसे जीवन की कल्पना करें, जहाँ हम कभी आख़िरी मिनट पर नहीं पहुँचें, या इससे भी बुरी बात, कभी देर से नहीं पहुँचें।

टालमटोल, चुपके से आने वाला विध्वंसक

यह मेरा अवलोकन रहा है कि ज़्यादातर लोग उस समय के दौरान आगे निकल जाते हैं, जिसे दूसरे बरबाद कर देते हैं।

—हेनरी फ़ोर्ड

टालमटोल के बारे में रोचक चीज़ यह है कि इसका इरादा हमारे जीवन को ज़्यादा सुखद बनाना होता है, लेकिन इसके बजाय यह तनाव को बढ़ा सकता है। टालमटोल हमारी सफलता को तबाह कर देती है, क्योंकि इसकी वजह से हम अपने काम से असंबद्ध भटकावों में बहक जाते हैं या किसी बड़े प्रोजेक्ट को पूरा करने के लिए आख़िरी मिनट तक इंतज़ार करते हैं। ऐसे में तनाव अवश्यंभावी है।

दूसरी तरफ़, हाथ के काम से असंबद्ध किसी चीज़ को करने की समयसीमा तय करना कारगर होता है। अवकाश लेने से हम ज़्यादा प्रेरित और एकाग्र महसूस करते हैं। कोई सृजनात्मक चीज़ करने से हमारे रचनात्मक द्रव प्रवाहित होने, समस्याओं के समाधान खोजने और राह की बाधाओं से उबरने में मदद मिलती है।

किसी महत्त्वपूर्ण या अप्रिय काम को टालने के कारण और संबंध हर व्यक्ति के लिए भिन्न होते हैं। रोचक बात यह है कि एक ही व्यक्ति के मामले में ये अलग-अलग कामों के लिए भिन्न होते हैं। मिसाल के तौर पर, कोई कर्मचारी व्यय रिपोर्ट तैयार करने में विलंब कर सकता है, लेकिन वह प्रदर्शन समीक्षा तुरंत भर देगा।

टालमटोल के आम कारण :

- अयथार्थवादी लक्ष्यों से अभिभूत होना
- भविष्यदृष्टि नहीं होना या स्वीकार नहीं करना
- असफलता या सफलता का डर
- खुद पर बहुत ज़्यादा सख़्त होना
- पूर्णतावादी होना
- एकाग्र होने की अयोग्यता
- एकाग्रता और अनुशासन का अभाव
- प्रेरणा का अभाव
- ऐसा महसूस करना जैसे महत्त्व नहीं दिया जा रहा हो या क़द्र नहीं की जा रही हो

टालमटोल का अधोगामी चक्र

सबसे पहले, तो हमें कोई परिणाम हासिल करने की ज़रूरत होती है।

दूसरे, हम बाद में काम शुरू करने के लाभों का आविष्कार करके विलंब को तर्कसंगत बनाते हैं।

तीसरे, हम ज़्यादा से ज़्यादा विलंब करते जाते हैं, जब तक कि आख़िरकार काम को पूरा करने का समय आ जाता है, आम तौर पर जल्दबाज़ी में।

चौथे, हम प्रक्रिया को दोहराते हैं, क्योंकि हम जानते हैं कि हम इससे सफलतापूर्वक निबट सकते हैं।

टालमटोल से उबरने की सलाहें

- *बस इसे कर दें।* हमारे पास काम को सही तरीक़े से करने के लिए पर्याप्त समय रहे, इसलिए जैसे ही व्यावहरिक हो, किसी काम को कर देना स्पष्ट समाधान है।

- चीज़ों को टालने, किसी चीज़ से बाहर निकलने या हमारी तरफ़ से किसी दूसरे से काम कराने के लिए ख़ुद को पुरस्कार देना छोड़ दें।

- याद रखें कि प्राथमिकीकृत कार्यसूची, दैनिक समयसारणी और आसान रिकॉर्ड रखने वाली तथा पुरस्कार देने वाली प्रक्रिया चमत्कार कर देगी।

- काम संबंधी नकारात्मक विचारों व नज़रियों को पहचानें और बदलें। इसके बजाय काम पूरा करने से मिलने वाले आनंद और राहत के बारे में सोचें।

- बड़े कामों को आसानी से हो सकने वाले छोटे कामों में तोड़ लें और शुरू हो जाएँ। प्रोजेक्ट को बस पाँच मिनट करने की योजना बनाएँ। कुछ समय बाद हम यह पा सकते हैं कि हमने योजना से ज़्यादा समय तक काम कर लिया है।

- सबसे मुश्किल चीज़ें सबसे पहले करें।

- ख़ुद को एक प्रेरक चर्चा दें। नौकरी या काम के बारे में प्रेरणा और उत्साह जगाएँ। सही लोगों से बात करें और दोबारा ऊर्जावान हो जाएँ।

22

दोस्त बनाना और लोगों को प्रभावित करना बेहतरीन है

हाउ टु विन फ्रेंड्स ऐंड इन्फ्लुएंस पीपल के मशहूर लेखक डेल कारनेगी इस विषय के महारथी थे। वे लोगों को प्रभावित करने के बारह तरीक़ों की सूची देते हैं।

1. सकारात्मक नज़रिया रखें। प्रतिरोध को व्यक्तिगत रूप से नहीं लें। प्रतिरोध या आपत्तियाँ बस ज़्यादा जानकारी की ज़रूरत का प्रमाण हैं।

2. तैयार रहें और सतर्क बनें। ग़ौर करें कि सामने वाला पक्ष विचार व्यक्त करने के लिए कैसे शब्दों का इस्तेमाल करता है और उसी की भाषा में बात करें।

3. जोशीले बनें और सच्चे विश्वास के साथ बोलें।

4. प्रश्न पूछकर, चिंताओं को स्वीकार करके और सामने वाले के दृष्टिकोण को अपने शब्दों में दोहराकर सुरक्षा क्षेत्र बनाएँ।

5. कोई सकारात्मक चीज़ खोजें और उस पर आगे का निर्माण करें।

6. यह स्पष्ट करें कि इससे सामने वाले को क्या फ़ायदा होगा और सामने वाले के दृष्टिकोण के संदर्भ में बात करें। ऐसी तसवीर खींचें या कथन कहें, जो संभव और विश्वसनीय हों।

7. ध्यान जकड़ने के लिए आपकी बात ऐसी होनी चाहिए :

- रोचक और चतुराई भरी
- मूल्यवान और स्पष्ट
- महत्त्वपूर्ण और अत्यावश्यक
- उपयोगी, प्रासंगिक और अमल करने योग्य

8. ज़्यादा ऊँचे उद्देश्यों का आग्रह करें।

9. अपने विचारों का नाटकीयकरण करें।

10. चुनौती दें।

11. अनिच्छुक व्यक्ति के साथ सहयोग करके उसे शामिल करें। या बस यह कहें :

- "मुझे आपकी मदद चाहिए।"
- "आप क्या सोचते हैं?"
- "आइए इसकी कोशिश करते हैं और देखते हैं कि यह कैसे काम करती है।"

12. समर्थन माँगें और इस पर हाथ मिलाएँ।

आप जिस भी व्यक्ति से मिलते हैं, हर व्यक्ति के गले में एक तख़्ती टँगी होती है, जो कहती है, 'मुझे महत्त्वपूर्ण महसूस कराओ।' अगर आप यह कर सकते हैं, तो आप सफल होंगे, सिर्फ़ व्यवसाय में ही नहीं, बल्कि जीवन में भी।

—मैरी के ऐश,
संस्थापक, मैरी के कॉस्मेटिक्स

शक्ति-आधारित टिप्पणियाँ करें

शक्ति-आधारित टिप्पणियाँ हर लीडर की फ़ेहरिस्त का हिस्सा होनी चाहिए, जिनका प्रायः और सचमुच इस्तेमाल किया जाए।

डेल कारनेगी किसी सर्वोच्च कथन के तत्व बताते हैं :

- *प्रशंसा* – विशिष्ट और ईमानदार बनें।
- *चित्रण* – कोई मिसाल दें।
- *उदाहरण* – यह सुझाव दें कि यह गुण उनकी मदद कैसे करेगा।
- *सुदृढ़ीकरण* – सबसे आख़िर में अंतिम सकारात्मक कथन कहें।

सर्वोच्च कथन का उदाहरण :

"मैं यह प्रमाणपत्र जिन्हें पेश करने वाला हूँ, वे एक ऐसी शख्सियत हैं, जो सारे दिन अपनी मुस्कान से कमरे को रोशन करती हैं (प्रशंसा)। अवकाश के दौरान उन्होंने मुझसे मिलने के लिए असाधारण उदारता से प्रयास किया (चित्रण)। मैं मानता हूँ कि उनका यह गुण एक महान लीडर बनने में उनकी मदद करता रहेगा (उदाहरण)। वे आज इस कक्षा की बेहतरीन संपत्ति हैं (सुदृढ़ीकरण)। कृपया उनका स्वागत करने में मेरी मदद करें : सूज़न जोन्स।"

हम श्रेय बाँटकर संसार जीत लेंगे

जो भी सफलता हासिल करता है, वह दूसरों की सहायता के बिना ऐसा नहीं कर पाता है। समझदार और आत्मविश्वासी लोग इस सहायता को कृतज्ञता के साथ स्वीकार करते हैं।

—*ऐल्फ्रेड नॉर्थ वाइटहेड*

श्रेय बाँटना दूसरों की ख़ातिर करने वाली अच्छी चीज़ ही नहीं है। यह तो एक शक्तिशाली प्रेरणा है, जो लोगों द्वारा दिए जाने वाले सबसे महत्त्वपूर्ण परिणामों को पुष्ट और पुरस्कृत करती है – ऑफ़िस में, समाज में या परिवार के भीतर। जब हम लोगों को प्रभावी ढंग से मान्यता देते हैं, तो हम उन कार्यों और व्यवहारों को बलवान बनाते हैं, जिन्हें हम दोहराए जाते देखना चाहते हैं। श्रेय बाँटना आसान, त्वरित और शक्तिशाली सुदृढ़ीकरण है।

श्रेय बाँटने के सिद्धांत

1. दूसरों में सर्वश्रेष्ठ की तलाश करें।

डेल कारनेगी ने कहा था कि कोई भी मूर्ख आलोचना कर सकता है और ज़्यादातर मूर्ख करते भी हैं! आदतन दूसरों में कमज़ोरियों के बजाय शक्तियाँ

देखने के लिए एक असाधारण इंसान की ज़रूरत होती है। जब हम ईमानदारी से दूसरों में सर्वश्रेष्ठ देखने की कोशिश करते हैं, तो हम लोगों को एक बिलकुल ही अलग दृष्टिकोण से देखने लगते हैं और दूसरों को ज़्यादा महत्त्व देना सीख लेते हैं।

2. लिखकर प्रशंसा करें।

आप जिसमें कोई शक्ति देखते हैं, उसे इस बारे में बताना एक बहुत सकारात्मक चीज़ है। इससे भी बेहतर यह है कि इसे लिख दिया जाए? इससे ना सिर्फ़ वह व्यक्ति इसे बार-बार पढ़ सकता है, बल्कि वह दूसरों को लिखित प्रशंसा दिखा भी सकता है।

3. प्रशंसा को आगे बढ़ा दें।

नॉर्मन विन्सेंट पील ने लिखा था, "मैंने ख़ुद को प्रशिक्षित किया है कि मैं अनुमोदन या प्रशंसा का हर शब्द सुन लूँ, जो एक व्यक्ति दूसरे के बारे में बोलता है – और इसे आगे बढ़ाता है।" किसी प्रशंसा को आगे बढ़ाना आसान है! बस यह कह दें, "मैंने किसी को आपकी तारीफ़ करते सुना था और मैं उससे सहमत हूँ। मुझे अच्छा लगेगा, अगर आप वह सुन लें…"

4. उन्हें अच्छा काम करते हुए पकड़ लें।

उपलब्धियों के साक्षी रहने और उनकी प्रशंसा करने के लिए वहाँ मौजूद रहें। "श्रेय बाँटने" का मतलब दूर से "बहुत दूर है!" कहना नहीं है। इसका मतलब है अनुभव को इकट्ठे लेना। जब हम व्यक्तिगत रूप से दूसरों को विकास करते और सफलता हासिल करते देखते हैं, तो वे जान जाते हैं कि हमारी मान्यता सच्ची है।

जब आप किसी के मुँह से किसी दूसरे के बारे में कोई अच्छी चीज़ सुनते हैं, तो आपको एक विकल्प दिया जा रहा है। आप इसे अपने पेट में पचा सकते हैं और बात को वहीं ख़त्म कर सकते हैं – या आप इसे मोड़कर इसे असली निशाने तक पहुँचा सकते हैं।

—नॉर्मन विन्सेंट पील

श्रेय बाँटने के तरीक़े

- अगर आप ऑफ़िस में हैं, तो ग्राहकों का परिचय अपने स्टाफ़ व प्रोजेक्ट में शामिल दूसरे सहयोगियों से कराने का विशेष प्रयास करें। यदि आगंतुक काम से संबंधित नहीं है, तो प्रोजेक्ट या प्रयास से संबंधी लोगों से उसका परिचय कराने की भारी कोशिश करें, और वहाँ श्रेय दें, जहाँ श्रेय दिया जाना चाहिए।

- पूरे प्रोजेक्ट के बारे में लोगों के योगदान के बारे में अनौपचारिक सकारात्मक स्टिकी नोट्स लिखें और उन्हें ऐसी जगहों पर लगा दें, जहाँ लोग उन्हें देख सकें।

- प्रोजेक्टों या प्रस्तावों के अंतिम परिणाम के बारे में टीम या सहायक सहकर्मियों को सूचित करें।

- अंतिम बैठकों और जश्नों में हर उस व्यक्ति को शामिल करें, जिसने सहयोग दिया है, चाहे उसका योगदान कितना ही छोटा क्यों नहीं हो।

- सार्वजनिक भाषण में या प्रेस से बात करते समय दूसरों के योगदान को सार्वजनिक श्रेय दें।

- लोगों को विशिष्टता से बताएँ कि उन्होंने कैसे योगदान दिया। उन्हें सचमुच बताएँ कि अंतिम परिणाम के लिए वे अनिवार्य थे और किस तरह थे।

डेल कारनेगी के बारे में

डेल कारनेगी एक नवप्रवर्तक थे, जिन्होंने मानवीय संभावना या क्षमता अभियान के क्षेत्र में महत्त्वपूर्ण भूमिका निभाई। उनके शिक्षण और लेखन ने पूरे संसार के लोगों को आत्मविश्वासी, लोकप्रिय और प्रभावी व्यक्ति बनाने में मदद की है।

1912 में कारनेगी ने न्यू यॉर्क सिटी के वायएमसीए में सार्वजनिक संभाषण में अपना पहला कोर्स शुरू किया। उस वक़्त के ज़्यादातर सार्वजनिक संभाषण कोर्सों की तरह ही कारनेगी ने भी एक सैद्धांतिक व्याख्यान से क्लास शुरू की, लेकिन जल्दी ही उन्होंने देखा कि क्लास के सदस्य ऊब रहे थे और बेचैन दिख रहे थे। कुछ नया करने की ज़रूरत थी।

एक दिन डेल ने अपना व्याख्यान रोक दिया और पीछे वाली क़तार के एक व्यक्ति की ओर इशारा करके कहा कि वह खड़े होकर अपनी पृष्ठभूमि के बारे में तुरंत कुछ बताए। जब उस विद्यार्थी की बात पूरी हो गई, तो उन्होंने दूसरे विद्यार्थी से बोलने को कहा और यह सिलसिला तब तक चलता रहा, जब तक कि कक्षा के हर विद्यार्थी ने अपने बारे में छोटा-मोटा व्याख्यान नहीं दे दिया। उनके पास अपनी क्लास के साथियों का प्रोत्साहन और कारनेगी का मार्गदर्शन था, इसलिए हर एक ने अपने डर से उबरकर संतोषजनक व्याख्यान दिया। कारनेगी ने बाद में कहा, "मैं क्या कर रहा था, यह जाने बिना ही मुझे अचानक डर को जीतने की सर्वश्रेष्ठ पद्धति मिल गई।"

उनका कोर्स इतना लोकप्रिय हो गया कि उनसे इसे दूसरे शहरों में देने का आग्रह किया गया। समय गुज़रने के साथ वे अपने कोर्स की सामग्री को बेहतर बनाते गए। उन्हें पता चला कि विद्यार्थियों की सबसे ज़्यादा रुचि आत्मविश्वास बढ़ाने, अपने संबंधों को बेहतर बनाने, अपने करियर में सफल होने और डर व चिंता से उबरने में थी। इसके फलस्वरूप कोर्स सार्वजनिक संभाषण से हटकर इन मसलों पर केंद्रित हो गया। ये व्याख्यान लक्ष्य के बजाय माध्यम बन गए।

उन्होंने अपने विद्यार्थियों से जो सीखा, उसके अलावा कारनेगी ने सफल स्त्री-पुरुषों के जीवन पर व्यापक शोध किया। उन्होंने इसे अपनी कक्षाओं में शामिल किया। इसके फलस्वरूप उन्होंने बाद में अपनी सबसे मशहूर पुस्तक *हाउ टु विन फ्रेंड्स ऐंड इन्फ्लुएंस पीपल* लिखी।

यह पुस्तक तुरंत बेस्टसेलर बन गई और 1936 में इसके प्रकाशन (1981 में इसके संशोधित संस्करण) से आज तक इसकी 2 करोड़ प्रतियाँ बिक चुकी हैं। इसका अनुवाद 36 भाषाओं में किया गया है। 2002 में *हाउ टु विन फ्रेंड्स ऐंड इन्फ्लुएंस पीपल* को 20वीं सदी की नंबर वन बिज़नेस बुक घोषित किया गया। 2008 में *फ़ॉर्च्यून* पत्रिका ने इसे उन सात पुस्तकों में से एक क़रार दिया, जो हर लीडर की लाइब्रेरी में होनी चाहिए। उनकी पुस्तक *हाउ टु स्टॉप वरीइंग ऐंड स्टार्ट लिविंग* 1948 में लिखी गई। इसकी भी करोड़ों प्रतियाँ बिकीं और 27 भाषाओं में इसका अनुवाद हो चुका है।

डेल कारनेगी का निधन 1 नवंबर 1955 को हुआ। वॉशिंगटन के अख़बार में छपी श्रद्धांजलि समाज के प्रति उनके योगदान का सार है :

डेल कारनेगी ने सृष्टि के गहरे रहस्यों में से एक भी रहस्य को नहीं सुलझाया। लेकिन शायद अपनी पीढ़ी के किसी दूसरे व्यक्ति से अधिक उन्होंने इंसानों को यह सिखाया कि दूसरों के साथ हिल-मिलकर कैसे रहा जाता है – जो कई बार सभी की सबसे बड़ी ज़रूरत नज़र आती है।

डेल कारनेगी ऐंड असोसिएट्स के बारे में : 1912 में स्थापित डेल कारनेगी ट्रेनिंग स्व-सुधार की शक्ति में एक व्यक्ति के विश्वास से विकसित होकर प्रदर्शन-आधारित प्रशिक्षण कंपनी बन चुकी है, जिसके पूरे संसार में ऑफ़िस

हैं। यह व्यवसाय में कार्यरत लोगों को अपनी योग्यताएँ पैनी करने का अवसर देने और सकारात्मक, स्थायी व लाभकारी परिणाम पाने के लिए उनके प्रदर्शन को बेहतर बनाने पर ध्यान केंद्रित करती है।

डेल कारनेगी के ज्ञान के मौलिक भंडार को लगभग एक सदी के वास्तविक कारोबारी अनुभवों के ज़रिये लगातार अद्यतन किया गया है, व्यापक बनाया गया है और तराशा गया है। पूरे संसार में कार्यरत 160 डेल कारनेगी फ्रैंचाइज़ी अपने प्रशिक्षण व परामर्शदाता सेवाओं का उपयोग सभी व्यावसायिक क्षेत्रों में कार्यरत सभी आकार की कंपनियों के ज्ञान और प्रदर्शन बढ़ाने के लिए करते हैं। इस सामूहिक, वैश्विक अनुभव का परिणाम कारोबारी कुशाग्रता का व्यापक होता भंडार है, जिस पर हमारे ग्राहक व्यावसायिक परिणाम देने के लिए भरोसा कर सकते हैं।

डेल कारनेगी ट्रेनिंग का मुख्यालय हॉपॉग, न्यू यॉर्क में है और यह अमेरिका के सभी 50 राज्यों और 75 से अधिक देशों में कार्यरत है। 2,700 से ज़्यादा प्रशिक्षक 25 से अधिक भाषाओं में डेल कारनेगी ट्रेनिंग प्रोग्राम देते हैं। डेल कारनेगी ट्रेनिंग पूरे विश्व के व्यावसायिक समुदाय की सेवा करने के प्रति समर्पित है। अब तक लगभग 70 लाख लोग डेल कारनेगी ट्रेनिंग ले चुके हैं।

डेल कारनेगी ट्रेनिंग ऐसे प्रोग्राम तैयार करके व्यावहारिक सिद्धांतों और प्रक्रियाओं पर ज़ोर देती है, जो लोगों को वह ज्ञान, योग्यताएँ और आदतें सिखाती है, जिनकी ज़रूरत उन्हें अपने व्यवसाय का मूल्य बढ़ाने के लिए होती है। आज़माए हुए समाधानों को असल संसार की चुनौतियों से जोड़ने की बदौलत डेल कारनेगी ट्रेनिंग को अंतरराष्ट्रीय रूप से लीडर माना जाता है, जो लोगों के सर्वश्रेष्ठ स्वरूप को उजागर करती है।

इन प्रोग्रामों में हिस्सा लेने वालों में बड़े कॉर्पोरेशनों के सीईओ, हर आकार-प्रकार व वाणिज्यिक व औद्योगिक गतिविधि के व्यवसायों के मालिक व मैनेजर, शासन के विधायक और कार्यपालिका के अधिकारी तथा असंख्य व्यक्ति शामिल हैं, जिनका जीवन इस अनुभव से समृद्ध हुआ है।

ग्राहक संतुष्टि पर आयोजित वैश्विक सर्वे में डेल कारनेगी ट्रेनिंग के 99 प्रतिशत स्नातकों ने प्रशिक्षण से संतुष्टि व्यक्त की है।

....

डेल कारनेगी के सिद्धांत

ज़्यादा दोस्ताना इंसान बनें

1. आलोचना नहीं करें, निंदा नहीं करें या शिकायत नहीं करें।

2. ईमानदार, सच्ची प्रशंसा दें।

3. सामने वाले व्यक्ति में उत्सुक इच्छा जगाएँ।

4. दूसरों में सच्ची रुचि लें।

5. मुस्कराएँ।

6. याद रखें कि किसी व्यक्ति का नाम उस व्यक्ति के लिए किसी भी भाषा का सबसे मधुर शब्द होता है।

7. अच्छे श्रोता बनें। दूसरों को उनके बारे में बात करने के लिए प्रोत्साहित करें।

8. सामने वाले की रुचियों के संदर्भ में बात करें।

9. सामने वाले को महत्त्वपूर्ण महसूस कराएँ - और इसे ईमानदारी से करें।

10. किसी भी बहस में जीतने के लिए - इससे बचें।

11. सामने वाले की राय के प्रति सम्मान दिखाएँ। कभी किसी व्यक्ति से यह नहीं कहें कि वह ग़लत है।

12. यदि आप ग़लत हैं, तो इसे तुरंत, ज़ोर देकर स्वीकार करें।

13. दोस्ताना अंदाज़ में शुरुआत करें।

14. सामने वाले व्यक्ति से तुरंत "हाँ" कहलाएँ।

15. सामने वाले व्यक्ति को ज़्यादा बोलने दें।

16. सामने वाले व्यक्ति को यह महसूस कराएँ कि यह विचार उसका है।

17. सामने वाले के दृष्टिकोण से स्थिति को देखने की ईमानदार कोशिश करें।

18. सामने वाले के विचारों और इच्छाओं के साथ सहानुभूति रखें।

19. ज़्यादा बड़े उद्देश्य बताकर आग्रह करें।

20. अपने विचारों का नाटकीयकरण करें।

21. चुनौती दें।

22. प्रशंसा और सच्ची क़द्र से शुरुआत करें।

23. लोगों की ग़लतियों की ओर अप्रत्यक्ष रूप से ध्यान दिलाएँ।

24. सामने वाले की आलोचना करने से पहले अपनी ख़ुद की ग़लतियों के बारे में बात करें।

25. सीधे आदेश देने के बजाय प्रश्न पूछें।

26. सामने वाले को अपनी लाज बचाने दें।

27. हल्के से सुधार की प्रशंसा करें और हर सुधार की प्रशंसा करें। "अपने अनुमोदन में दिलदार बनें और अपनी प्रशंसा में उदार बनें।"

28. सामने वाले को एक अच्छी प्रतिष्ठा दें, जिसे वह क़ायम रख सके।

29. प्रोत्साहन का इस्तेमाल करें। ऐसा दिखाएँ कि ग़लती को सुधारना आसान है।

30. सामने वाले व्यक्ति को वह चीज़ करने के बारे में खुश बनाएँ, जिसका आप सुझाव देते हैं।

चिंता से उबरने के बुनियादी सिद्धांत

1. "डेटाइट कम्पार्टमेंट" में जिएँ।

2. मुश्किल का सामना कैसे करें :

    क. खुद से पूछें, "वह सबसे बुरा क्या है, जो संभवतः हो सकता है?"

    ख. सबसे बुरे को स्वीकार करने के लिए तैयार हो जाएँ।

    ग. सबसे बुरे को बेहतर बनाने की कोशिश करें।

3. खुद को याद दिलाएँ कि अगर आप चिंता करते हैं, तो अपने स्वास्थ्य के संदर्भ में आपको कितनी भारी क़ीमत चुकानी पड़ सकती है।

चिंता का विश्लेषण करने की बुनियादी तकनीकें

1. सारे तथ्य इकट्ठे करें।

2. सभी तथ्यों को तौलें – फिर किसी निर्णय पर पहुँचें।

3. एक बार जब निर्णय पर पहुँच जाएँ, तो फिर काम करें!

4. नीचे दिए गए प्रश्नों को लिखें और उनका जवाब दें :

    क. समस्या क्या है?

    ख. समस्या के कारण क्या हैं?

    ग. संभव समाधान क्या हैं?

    घ. सर्वश्रेष्ठ संभव समाधान क्या है?

चिंता की आदत को तोड़ें, इससे पहले कि यह आपको तोड़ दे

1. व्यस्त रहें।

2. छोटी-छोटी बातों का बतंगड़ नहीं बनाएँ।

3. अपनी चिंताओं को दूर करने के लिए औसत के नियम का इस्तेमाल करें।

4. अवश्यंभावी के साथ सहयोग करें।

5. यह निर्णय लें कि किसी चीज़ के बारे में कितनी चिंता करनी चाहिए और उसके बारे में उससे ज़्यादा चिंता नहीं करें।

6. अतीत के बारे में चिंता नहीं करें।

एक ऐसा मानसिक नज़रिया विकसित करें, जो आपको शांति और ख़ुशी दे

1. अपने दिमाग़ में शांति, साहस, स्वास्थ्य और आशा के विचार भर लें।

2. अपने शत्रुओं से बदला लेने की कोशिश नहीं करें।

3. कृतघ्नता की अपेक्षा करें।

4. अपनी मुश्किलों के बजाय अपने वरदान गिनें।

5. दूसरों की नक़ल नहीं करें।

6. अपने नुक़सानों से फ़ायदा उठाने की कोशिश करें।

7. दूसरों को ख़ुशी दें।

अनुवादक के बारे में

डॉ. सुधीर दीक्षित *टाइम मैनेजमेंट, सफलता के सूत्र, 101 मशहूर ब्रांड्स और अमीरों के पाँच नियम* सहित सात लोकप्रिय पुस्तकों के लेखक हैं, जिनमें से कुछ के मराठी व गुजराती भाषाओं में अनुवाद हो चुके हैं। इसके अलावा उन्होंने हैरी पॉटर सीरीज़, चिकन सूप सीरीज़ तथा मिल्स ऐंड बून सीरीज़ सहित 150 से भी अधिक अंतर्राष्ट्रीय बेस्टसेलर्स का हिंदी अनुवाद किया है, जिनमें रॉन्डा बर्न, डेल कारनेगी, नॉर्मन विन्सेंट पील, स्टीफ़न कवी, रॉबर्ट कियोसाकी, जोसेफ़ मर्फ़ी, एडवर्ड डी बोनो, ब्रायन ट्रेसी आदि बेस्टसेलिंग लेखक शामिल हैं। उन्होंने मशहूर भारतीय क्रिकेट खिलाड़ी सचिन तेंडुलकर की आत्मकथा *प्लेइंग इट माय वे* का हिंदी अनुवाद भी किया है।

हिंदी साहित्य और अँग्रेज़ी साहित्य में स्नातक की उपाधि लेने के अतिरिक्त डॉ. दीक्षित अँग्रेज़ी साहित्य में एम.ए. तथा पीएच.डी. भी हैं। उनकी साहित्यिक अभिरुचि की शुरुआत हिंदी जासूसी उपन्यासों से हुई, जिसके बाद उन्होंने अँग्रेज़ी के सभी उपलब्ध जासूसी उपन्यास पढ़े। वे अगाथा क्रिस्टी और आर्थर कॉनन डॉयल के लगभग सभी उपन्यास व कहानियाँ पढ़ चुके हैं।

कॉलेज के दिनों में डेल कारनेगी की पुस्तकों का उन पर गहरा प्रभाव पड़ा। कॉलेज की शिक्षा पूरी करने के बाद डॉ. दीक्षित ने *दैनिक भास्कर, नई दुनिया, फ़्री प्रेस जर्नल, क्रॉनिकल, नैशनल मेल* आदि समाचार पत्रों में कला, नाटक एवं फ़िल्म समीक्षक के रूप में शौक़िया पत्रकारिता की। उन्हें म.प्र. फ़िल्म विकास निगम द्वारा फ़िल्म समीक्षा के लिए पुरस्कृत भी किया गया। चेतन भगत और डैन ब्राउन उनके प्रिय लेखक हैं। डॉ. दीक्षित को पाठक sdixit123@gmail.com पर फ़ीडबैक प्रदान कर सकते हैं।